Blog:
comunicação e escrita íntima na internet

Denise Schittine

Blog:
comunicação e escrita íntima na internet

CIVILIZAÇÃO BRASILEIRA

Rio de Janeiro
2004

COPYRIGHT © Denise Schittine, 2004

CAPA
Evelyn Grumach

PROJETO GRÁFICO
Evelyn Grumach e João de Souza Leite

CIP-BRASIL. CATALOGAÇÃO-NA-FONTE
SINDICATO NACIONAL DOS EDITORES DE LIVROS, RJ

           Schittine, Denise
S364b   Blog: comunicação e escrita íntima na internet / Denise Schittine. — Rio de Janeiro: Civilização Brasileira, 2004.

           Anexos
           Inclui bibliografia
           ISBN 85-200-0658-2

           1. Weblogs. 2. Internet (Rede de computadores) — Aspectos sociais.

04-0635   CDD — 004.6
                                                      CDU — 004.738.5

Todos os direitos reservados. Proibida a reprodução, armazenamento ou transmissão de partes deste livro, através de quaisquer meios, sem prévia autorização por escrito.

Direitos desta edição adquiridos pela
EDITORA CIVILIZAÇÃO BRASILEIRA
Um selo da
DISTRIBUIDORA RECORD DE SERVIÇOS DE IMPRENSA S.A.
Rua Argentina 171 — 20921-380 Rio de Janeiro, RJ — Tel.: 2585-2000

PEDIDOS PELO REEMBOLSO POSTAL
Caixa Postal 23.052 — Rio de Janeiro, RJ — 20922-970

Impresso no Brasil
2004

*Para meus queridos pais José Carlos e Heleny,
por terem desenvolvido o meu gosto pela pesquisa;
minha irmã Flávia, sempre companheira;
e meus belos sobrinhos, Henrique e Beatriz.*

*Para Mauro Ventura, também companheiro intelectual;
Celia Eyer, por me apresentar a Philippe Lejeune
e me fazer gostar mais e mais de literatura;
Claudia Duarte, por ter lido com tanto carinho
meus textos; e Heloísa Buarque de Hollanda,
por ter acreditado e contribuído com idéias geniais.*

Sumário

INTRODUÇÃO 9

CAPÍTULO I
A tensão entre o público e o privado 29
A CASA DE VIDRO 35
1984 OU A INVERSÃO DO PANÓPTICO 39
O PROBLEMA DO PÚBLICO-LEITOR 47
A FAMÍLIA COMO REFÚGIO BURGUÊS DA PRIVACIDADE 49
O COMPUTADOR COMO APARELHO DO INDIVIDUALISMO 54
BLOG: O DESDOBRAMENTO DO TEMPO PRIVADO 57
AS QUESTÕES SOBRE A PRIVACIDADE ADAPTADAS AOS BLOGS 62

CAPÍTULO II
A escrita do segredo 69
DOSTOIEVSKI — NOTAS PERFEITAS DE UM HOMEM IMPERFEITO 72
O SEGREDO NO DIÁRIO ÍNTIMO 76
O CONTRATO DE CUMPLICIDADE 79
UMA REDE DE SEGREDOS 88
A QUEM CONTAR SEGREDOS? 96
QUANDO O ESTRANHO É O MAIS PRÓXIMO 98
O PSEUDÔNIMO NA REDE 105
A REVELAÇÃO 109

CAPÍTULO III
A construção de uma memória virtual 113
UMA MEMÓRIA CADA VEZ MAIS EFÊMERA 118
A PASSAGEM DO PAPEL PARA A TELA 130
A MEMÓRIA MUTÁVEL DAS VERSÕES 138
À PROCURA DA IMORTALIDADE 143

CAPÍTULO IV
A forma e o conteúdo da escrita do blog 153
O BLOG COMO RELATO JORNALÍSTICO 158
DIÁRIO VIRTUAL: UM NOVO TIPO DE ESCRITA 163
O MOVIMENTO EM VIA DUPLA: BLOGUEIROS QUE SE VÊEM
JORNALISTAS E JORNALISTAS QUE SE VÊEM FICCIONISTAS 174
DISTÂNCIA: UMA VANTAGEM CONTRA O JULGAMENTO 182
BLOG: O (AUTO)BIOGRAFEMA VIRTUAL 186

CAPÍTULO V
Trabalho de campo 197
PRIMEIRA PARTE 199
SEGUNDA PARTE 213

CONCLUSÃO 221
REFERÊNCIAS BIBLIOGRÁFICAS 231

Introdução

O tema do diário íntimo já foi estudado e reestudado pela crítica literária. E, mesmo dentro dela, sempre foi difícil situá-lo como um gênero específico. Uma das maiores discussões da crítica literária é se a autobiografia, o diário, a memória e escritos afins podem ser considerados gêneros literários. Assim sendo, neste livro o diário aparece num conjunto onde figuram também os estilos enumerados acima, que serão chamados aqui de "escritas do eu".

Um dos caminhos que a crítica literária usou durante muito tempo foi o de separar, dentro das obras dos escritores mais importantes, o que faria parte do escrito íntimo e da ficção desses autores. A separação entre esses dois tipos de escrita foi o divisor de águas que marcou o século XIX. No entanto, mesmo depois, quando o escrito íntimo tomaria o seu lugar no meio literário, ele ainda teria de enfrentar uma série de preconceitos da própria crítica até que pudesse se afirmar como um tipo de escrita considerado importante. Isto porque a autobiografia, da qual o diário é descendente direto, foi considerada durante muito tempo um "gênero menor", bastante distante do "poder de criação" atribuído ao romance.

Os preconceitos se agravaram principalmente pelo fato de o escrito íntimo ser um privilégio de muitos, não de uma minoria de "literatos iluminados". Qualquer indivíduo que tivesse ao seu dispor uma folha de papel e um lápis era capaz de escrever um pouco sobre as suas sensações, angústias e questões pessoais. O escrito íntimo franqueava a muitas pessoas a oportunidade de escrever, porque aparentemente não demandava a qualidade de estilo exigida na ficção. O falar de si mesmo não era uma prática exclusiva só de escritores famosos; podia também ser exercida por anônimos que descobriam a sua individualidade e queriam falar dela subjetivamente. As maneiras de cada um entender e interpretar suas próprias emoções e pontos de vista eram muito particulares, mas podiam se aproximar em vários pontos. Alguns teóricos surgiram para fazer uma leitura que considerava esses pontos e relacionava os escritos íntimos entre si e com a história.

Paul de Man acreditava, por exemplo, que a autobiografia não é um gênero ou um modo, mas uma "figura de leitura" (ou de compreensão), que ocorre, em algum grau, em todos os textos. Esta hipótese mostra que a estrutura da autobiografia não é simples ou fechada, mas se volta para outros textos do autor, ampliando-se e influenciando cada um deles. A definição de de Man vinha perturbar e misturar as categorias "vida" e "escrita", que pareciam estanques. Mostrava que o escrito íntimo está impregnado também de ficção e que pode, em muitos casos, influenciá-la.

Já o francês Philippe Lejeune lança um olhar específico sobre as "escritas do eu". Lejeune vê a possibilidade de o escrito íntimo anônimo ser uma fonte de pesquisa. O professor da Universidade Paris-Nord (Villetaneuse) já usou este princípio para desenvolver um importante trabalho sobre a escrita íntima das mulheres no século XIX. Em *Le moi de demoiselles*, ele realizou uma ampla pesquisa sobre diários íntimos de mulheres anônimas na França e descobriu em muitas delas o potencial de escritoras e em muitos diários, o poder do documento.

Lejeune estava disposto a deixar de lado a idéia de que o diário íntimo de alguém desconhecido era algo sem valor literário ou histórico. Com esse objetivo, em 1992 ele fundou com um grupo de amigos a APA — *Association Pour l'Autobiographie*, uma instituição que se propõe até hoje a ler os escritos íntimos de anônimos, sem no entanto avaliá-los como o faz um grupo de editores. O objetivo é não só promover um exercício de estudo desses escritos como também despertar nos diaristas um desejo que parecia premente na escrita íntima: o de ser lido.

Foi com base nessa hipótese de Lejeune — levantada também em seus outros dois livros, *Le Pacte autobiographique* e *Pour l'autobiographie* — que a presente pesquisa tomou corpo. A princípio porque no diário íntimo tradicional, embora o trabalho do diarista fosse extremamente solitário e a escrita configurada como sendo de si para si, a folha de papel funcionava como um interlocutor, mesmo que silencioso. É nela que o diarista coloca o que não tem coragem de falar ou fazer durante o dia, ou o que tem pensado e feito apenas em segredo.

É verdade que alguns diaristas escreviam e ainda escrevem para si mesmos com o objetivo apenas de desabafar por escrito, sem que ninguém saiba. E que, depois de um tempo, queimam os seus escritos, livram-se deles com medo de não se reconhecerem ou não gostarem das pessoas que um dia foram. Outros procuram guardá-los cuidadosamente para sempre voltarem a essas lembranças e se nutrirem delas, para poderem, um dia, ter os seus escritos descobertos por um Outro, um Outro que pode vir a propagá-los, quem sabe.

Mas, na grande maioria das vezes, o diário íntimo contém alguns pequenos pecados. A preguiça de contar as partes mais difíceis e tediosas, os detalhes do que aconteceu no dia-a-dia. O orgulho de não querer reconhecer, nem para uma folha de papel, as principais fraquezas. O egoísmo de "tagarelar" sobre si mesmo sem que, em raríssimos casos, a opinião do outro seja levada em conta. A impureza causada pela contaminação das opiniões do autor ou por suas falhas de memória. A mentira, que, muitas vezes, se dá pela omissão de determinados fatos ou por uma leve mistura da ficção com a realidade.

Mas o que despertou a curiosidade para iniciar este livro foi o da vaidade. Qual é a verdadeira importância de se ter vivido e escrito sobre o passar dos dias sem que haja um verdadeiro interlocutor para isso? Essa vaidade de falar de si mesmo como um dos assuntos mais importantes era uma questão que o diarista sempre guardou de si para si. A audácia de esperar que esse assunto também seja importante para o leitor era reprimida pelo próprio diarista, ou, quando externada, avaliada pelos outros como um sinal de puro exibicionismo.

A princípio, o diário na internet vem assumir o pecado da vaidade no escrito íntimo. Ele é a prova de que o diarista pretende falar sobre si mesmo e espera que um grupo de pessoas se interesse e goste do assunto. O fenômeno começou a se desenrolar no Brasil por volta do início do ano 2000, embora já tivesse surgido em outros países, e recebeu o nome de blog, criado pelos próprios praticantes do gênero (ou figura de leitura, como prefere de Man). A palavra é uma contradição em si mesma, uma contração entre *web* (página na internet) e *log* (diário de bordo). Por isso o uso da expressão "diário íntimo na internet" para substituir o termo blog. A noção de íntimo aparece porque muitos blogueiros vão tratar nesse espaço de questões pessoais que pertencem ao terreno da intimidade.

Surge, então, o diário pessoal na internet, ou seja, dirigido ao público. Embora o blog tenha tomado corpo e desenvolvido uma série de novas funções que não apenas a de "diário".

É a decisão do diarista de abrir um escrito íntimo para um ou vários leitores que cria uma nova tensão entre os assuntos públicos e privados e, a partir dela, uma série de questões irá surgir.

O fato de ser um diário íntimo escrito dentro de um meio de comunicação (a internet) e voltado para um público transformou uma questão que, a princípio, seria literária numa questão relativa, também, à disciplina da comunicação. O escrito íntimo vai ser veiculado através da rede por um autor e terá um grupo de leitores que contribui ou opina diretamente no texto. Ou seja, uma escrita que tem por finalidade a reserva começa a funcionar como uma mensagem entre um emissor e um receptor, reproduzindo o esquema clássico da comunicação. Apesar disso, o lado literário da análise do escrito íntimo não será aqui abandonado — o diário íntimo passou para a *web*, mas continua a ser uma maneira de "escrita do eu". E a passagem não foi feita de forma abrupta. Antes que esse emissor ambicioso passasse a se reportar ao público, foi preciso um ensaio.

Os diaristas virtuais começaram escrevendo os seus diários nas telas do computador, ganharam familiaridade com a tipografia, as limitações e os recursos do teclado, até que começaram a fazer a passagem para a internet, para a rede. Durante muito tempo as páginas pessoais também serviram como um treinamento para dominar a técnica de colocar textos e fotos na internet. De certa forma, o blog surgiu como um sistema de disponibilização de textos e fotos na *web* menos complexo e mais rápido, o que facilitou a fabricação de páginas por indivíduos com pouco conhecimento técnico.

Essa facilidade ampliou o número de pessoas que podiam ter um blog. E, apesar da linguagem informal e do uso da técnica no computador — dois fatores que poderiam ter limitado o uso do blog a uma faixa etária mais jovem —, o maior número de escritores de diários íntimos na internet é feito de adultos, o que foi comprovado por uma série de entrevistas realizadas com os blogueiros. O blog foge das características tradicionais de um diário de adolescente, e mesmo o texto curto, rápido e a linguagem informal são usados, na maioria das vezes, de uma forma analítica e crítica. No entanto, não é difícil que uma faixa mais jovem de escritores também escreva blogs, só que a exigência de escrever com regularidade aliada à necessidade de leitura pelo público desencoraja a maioria.

Delimitando que os blogueiros (como são chamados estes diaristas virtuais) fazem parte de um grupo de hábitos e interesses amplos, surgem algumas dúvidas: A primeira delas é por que essas pessoas teriam decidido expor seu diário, um escrito de natureza íntima, na internet? O motivo inicial é aquela necessidade de ser lido, da qual Lejeune já havia falado em vários estudos e, principalmente, no livro *"Cher écran..."*, onde começou a estudar um grupo de diaristas que escrevia o diário no computador e alguns entre eles que o colocavam em rede. A internet abre, para o diarista, a possibilidade de ser lido sem que, no entanto, ele precise desenvolver relações face a face com os seus leitores, um público formado por desconhecidos. Essa possibilidade é encorajadora para quem começa a escrever. O segundo motivo seria a existência de "leitores desconhecidos" que, de acordo com os anseios do diarista, se interessam pelos seus assuntos pessoais. É um público novo, interessado em consumir a intimidade alheia e, de certa forma, em descobrir o quanto ela se aproxima da sua própria intimidade.

Paralelamente, é importante observar como antigas questões relativas ao diário no papel ganham uma nova perspectiva quando se trata do diário virtual, embora permaneçam as mesmas. Daí a importância de desenvolver certos pontos: a memória (imortalidade e permanência), o segredo (o contar ou não a intimidade a um desconhecido), a tensão entre o espaço público e o privado (que vai aumentar com a passagem para a internet) e a relação com o romance (ficção) e com o jornalismo (a observação dos fatos). Tudo isso tentando não perder de vista quem é esse autor, seus desejos, anseios e o que pretende com a abertura do terreno íntimo para o público.

Num trecho de seu blog, a diarista Michele, entrevistada por Philippe Lejeune em *"Cher écran..."*, define o que pensa do diário íntimo:

> *"Como definir o diário? (...) Em primeiro lugar, um diário se escreve ao sabor do tempo, é muito diferente das autobiografias, memórias e outros parentes próximos do gênero. O diário é observado dia a dia, mais ou menos escrupulosamente, mas é sempre uma espécie de representação ao vivo da vida.*
> *Ter um diário íntimo também é algo difícil. É uma atividade que exige uma certa disciplina, que ordena a vida. (...) Pessoalmente, o que me anima é uma mentalidade que eu qualificaria de 'arquivista' e de colecionadora. Ter um diário é uma maneira de colecionar os dias...*
> *Colocar-se no papel cotidianamente é também uma nova maneira de se desnudar e de decifrar o próprio interior sem ter que pagar uma terapia. (...)*
> *Alguns relêem seus diários e se surpreendem com o que escreveram. Outros não compreendem mais nada. (...) Um diário é uma encenação, uma representação de si. Nós somos a personagem principal de nosso diário. Nós temos às vezes a tendência de escrever as coisas não como elas são, mas como deveriam ser. Escreve-se para embelezar ou dramatizar a vida, para lhe dar um sabor novo. O diário é, muitas vezes, um dos últimos refúgios do sonho."* (http://colba.net/~micheles)

Neste pequeno trecho, a diarista consegue abordar todas as questões envolvidas no diário íntimo. O tempo, que é observado diariamente e, no caso do blog, é um tempo comprimido que acompanha o dia passo a passo, a cada momento. A capacidade de ordenação que o diário permite; o arquivo que gera a memória de si mesmo e dos atos pretéritos. A releitura que permite que o diarista compreenda mais sobre si mesmo e se lembre da pessoa que foi um dia. E, por último, o desdobramento da vida cotidiana num segundo plano, o da escrita, que empresta a ela uma luz diferente, uma nova maneira de vê-la. Para enxergar a vida de forma diferente, o diarista é capaz de tudo, até mesmo de misturá-la com a ficção e fazer de si mesmo um personagem.

O novo diário íntimo, o blog, gera um relacionamento em via dupla entre um autor disposto a contar sua vida íntima a um público desconhecido e um público que se propõe a ler sobre ela e a comentá-la. Os indivíduos se interessam pela vida de gente anônima como eles, e esse fenômeno é observável não só no caso específico do diário íntimo na internet como em outras mídias; as *webcams* e os programas no estilo *Big Brother* são um exemplo disso. O público se vê curioso por vasculhar a vida do outro, sem que esse outro seja necessariamente alguém famoso. É o sucesso dos anônimos.

A vida privada do autor do diário íntimo é não só observada como comentada por estranhos, e tudo isso com o consentimento do próprio diarista. O primeiro capítulo deste livro procura discutir as questões dos limites entre o espaço público e o privado, mostrando que a tendência de exposição da vida privada, que se observa atualmente na mídia, é fruto de uma série de fatores históricos, como a formação da individualidade, o afastamento do indivíduo da vida social e a sua posterior necessidade de se reintegrar nessa vida, nem que seja de maneira virtual.

Para entender a formação desse individualismo burguês é fundamental observar o conceito de declínio do homem público desenvolvido pelo sociólogo Richard Sennett. O sociólogo explica como os papéis sociais desempenhados pelo homem e sua participação na vida pública foram diminuindo em função das suas histórias particulares, e de que maneira ele foi abandonando cada vez mais os grupos da sociedade para se voltar para sua intimidade, privacidade e subjetividade. E como os acontecimentos históricos contribuíram para que ele chegasse a isso.

Sennett mostra também como o indivíduo começou a se fechar cada vez mais em si mesmo, resistindo a todas as investidas de fora para misturar o espaço público ao privado. As paredes de vidro, os *lofts*, as mesas conjugadas no local de trabalho e o telefone que é preciso dividir com o colega ao lado, tudo é motivo para se sentir roubado de seu próprio espaço. Em represália, esse indivíduo cria um espaço próprio dentro do seu computador pessoal, no qual pode desenvolver relações com outras pessoas, fora da vida real, ou dedicar mais tempo a falar de si mesmo.

Ao mesmo tempo que esse homem abre mão de seus papéis públicos, investe cada vez mais em sua vida privada. Os textos de Antoine Prost, em *História da vida privada*, mostram como foi ocorrendo essa transição. Primeiro, no âmbito social, houve uma lenta separação entre o ambiente de trabalho e o de casa. Depois, no arquitetônico, as casas burguesas, que foram se dividindo em cômodos e separando os familiares, que ocupavam os cômodos internos, dos estranhos, que ficavam na sala de visitas. Até chegar à forte instituição familiar, fechada em si mesma com os seus segredos impenetráveis.

O indivíduo começa então a buscar a delimitação de seu próprio espaço, numa tentativa de voltar-se mais para si mesmo. O narcisismo, o culto ao corpo e as relações superficiais só servem para reforçar esse individualismo. A necessidade de conforto e, com ela, o uso dos meios de comunicação na vida privada — que a princípio integram (o rádio ouvido em grupo, a televisão assistida em família) e mais tarde isolam (o *walkman* e a televisão para cada indivíduo dentro do quarto) — contribuem para demarcar esse individualismo.

O computador aparece então como o meio de comunicação que mais contribui para o isolamento: é feito para ser usado por uma pessoa de cada vez. O uso do computador em casa e no trabalho faz com que o indivíduo se feche para o mundo que o cerca, em que as pessoas são conhecidas e as relações são reais, para se abrir num segundo plano, o virtual.

É nesse momento de abertura para um plano virtual, onde ele irá se comunicar com pessoas reais mas distantes fisicamente, que surge a possibilidade do paradoxo de um diário íntimo na internet. Então, a função tradicional do diário íntimo como um "jardim secreto", em que não é permitida a entrada de estranhos, se vê abalada.

O "jardim secreto" vai ser visitado por um público formado por estranhos que, por algum motivo, se interessam pela vida de quem o escreve. O autor do blog vai se familiarizar com um novo tipo de escrito íntimo, um escrito que supõe um público e uma relação com ele, uma relação que escapa das exigências do face a face, mas que exige também confiança. O primeiro capítulo destaca uma questão que vai permear todo este livro: o porquê de este indivíduo, após ter lutado tanto pelo seu espaço privado, decidir dividi-lo com um público de estranhos.

Essa decisão, a princípio incompatível com a noção de privacidade, implica uma série de questões referentes ao diário íntimo, que terão que ser reavaliadas: entre elas, o segredo, a memória e a escrita. Os três últimos capítulos tratam de cada uma delas separadamente, sem perder de vista que são assuntos fundamentais no estudo do diário íntimo, mas que precisam receber uma nova leitura quando esse diário entra numa página da *web*, num meio de comunicação, e passa a estar voltado para o público. O diário íntimo é um tema literário, de tal forma que, para responder a estas questões, é preciso a ajuda de Proust, Dostoievski, Jorge Luis Borges e muitos outros que contribuíram para este estudo através da ficção ou com seus próprios escritos íntimos.

O segredo será o tema desenvolvido no segundo capítulo, já que é a partir dele que o diarista determina quem pode ou não penetrar em seu terreno privado. Existem diferentes níveis de segredo: alguns são revelados à família, outros aos amigos mais próximos, outros ainda só são revelados a alguém muito íntimo e há aqueles que, como diria Dostoievski, o autor tem reservas em revelar até para si mesmo. Esses níveis não desaparecem com o diário íntimo na internet, muitos permanecem e são sobrepostos por outros tantos.

O diarista cria, mesmo escrevendo para um público de estranhos, maneiras de fazê-lo participar ou não de sua vida íntima. Nem tudo é revelado porque existe uma seleção prévia, mas, principalmente, porque este autor estabelece uma maneira de contar a sua intimidade em meias palavras. De forma que determinadas informações sobre quem escreve só chegam a um grupo de pessoas escolhidas pelo autor.

Para isso se estabelecem senhas, códigos e comentários que só serão entendidos por um determinado grupo, entre algumas pessoas e, em alguns casos, apenas entre dois amigos. Ao contrário do que se pensa, a exposição na internet não anula a possibilidade de se criar um segredo, mas estabelece novas formas de compartilhá-lo. E quando ele é guardado, o seu caráter secreto tem um valor maior porque se torna um fato de conhecimento público.

Neste sentido é importante a leitura que Fiodor Dostoievski faz do processo de criação do diário íntimo para demonstrar as dificuldades do homem em enfrentar os seus próprios segredos e a escolha de quem serão seus confidentes, além de como essa escolha é determinada por um "contrato de cumplicidade" que supõe confiança e sinceridade, e de que maneira esses valores estiveram, e estão ainda, associados ao que Philippe Lejeune chama de "pessoas-instituições", como o analista, o padre e o médico.

A escolha de um confidente na internet ultrapassa a segurança das instituições ou dos grandes amigos, é um novo interlocutor, estranho ao autor, mas que estabelece uma nova relação com ele. O contrato de cumplicidade se modifica porque não conta mais com as relações face a face, mas se apóia numa confiança que virá apenas do texto escrito.

Essa relação de confiança entre o diarista e o leitor pode ser reforçada — quando a distância permite a desinibição de quem escreve — ou posta em questão — se a distância facilita o uso de máscaras, fantasias e mentiras. É uma relação que, se der certo, permite ao diarista ter um ou vários confidentes que vão se aproximar dele pelas afinidades em diferentes campos. A partir daí, se formam pequenos grupos que dividem segredos entre si, formando "redes de segredos", com alguns nós em comum. Elas funcionam como uma espécie de confrarias de indivíduos que guardam entre si uma informação sigilosa.

É quase uma volta à condição inicial de disseminação do segredo, nesse caso aplicada ao mundo virtual. A rede se transforma numa pequena província onde grupos de pessoas afins guardam confidências entre si, por isso a importância da história do segredo e da própria origem da palavra, que tem em sua raiz a idéia de separar, discernir. Os níveis de intimidade voltam a se configurar. O diarista virtual determina quem pode se aproximar de seus segredos mais íntimos e quem não deve suspeitar deles através de senhas, do texto cifrado e do acesso restrito ao blog. É ele que estabelece o quanto o leitor comum deve saber de sua vida particular e o que deve ser mantido em sigilo.

O segredo é então contado a um estranho, que se torna próximo pelas características que tem em comum com o próprio diarista. É pelas mãos desse novo tipo de confidente que se perpetuam muitos dos acontecimentos da vida privada do diarista. É esse Outro que, junto com o autor, vai ajudar a tecer a trama de que é feita a memória do blogueiro. Pela primeira vez o Outro é chamado também a participar e a perpetuar o conteúdo do escrito íntimo, o que faz com que a memória pessoal seja construída de maneira menos alienante, não só pelo monólogo do autor, mas pela contribuição alheia. E por que a necessidade da ajuda desse Outro? Porque o autor conta com a lembrança do Outro para propagar a memória de si mesmo.

O terceiro capítulo vai tratar da memória, um assunto importante para o estudo do diário íntimo, já que é esse escrito que garante ao diarista a idéia de que deixará um legado para que o público se lembre dele, e também uma maneira de gerar a manutenção de uma memória própria. E é nesse ponto que o Outro vai ajudar não só na construção dessa memória, como também na propagação dos acontecimentos da vida do diarista. O escrito íntimo vai garantir também a memória do diarista sobre sua trajetória, os fatos que aconteceram na sua vida e as idéias que desenvolveu em uma determinada época. Ele dará o apoio para que, pelo menos através da escrita, o autor se sinta próximo da imortalidade (daí a importância da ficção de Borges, em particular do conto "O imortal", como um parâmetro para entender por que uma das vias para a imortalidade do homem se faz através da escrita).

O diário virtual tenta desenvolver essas duas funções, a da memória de si mesmo e a de ser lembrado pelos outros, mas de uma maneira diferente, já que o funcionamento da memória do indivíduo também mudou com o uso da internet e dos novos meios de comunicação. Além do movimento de lembranças aparentemente escolhidas ao acaso e dos eventuais esquecimentos, a memória atual se tornou mais efêmera, ou seja, está cada vez mais difícil para cada um lembrar tanto de coisas profundas como de coisas simples. Neste ponto é importante o estudo que o teórico Andreas Huyssen faz sobre o assunto no seu livro *Seduzidos pela memória*, em que aponta o excesso de informação como um dos principais determinantes da amnésia generalizada.

Bombardeado por uma grande quantidade de informação, o indivíduo se torna ansioso por não perdê-la. Assim sendo, cria mecanismos de armazenamento e arquivismo, para os quais os meios de comunicação contribuem. Esses meios procuram viabilizar uma manutenção exaustiva da memória, mas ao mesmo tempo contribuem para a sua perda. Como formam uma excelente memória artificial, tornam preguiçosa a memória natural.

A princípio, o autor utiliza o blog como um desses mecanismos que vão ajudá-lo a arquivar a própria memória (um "guarda-memória", na bela expressão de Lejeune). O novo tipo de diário íntimo funciona dentro de um meio de comunicação, que é a internet, e ainda permite, pela rapidez e compressão do tempo, armazenar o máximo de informação no mínimo de tempo. Ele é capaz de acompanhar o fluxo de pensamentos do indivíduo, garante o armazenamento artificial deles, mas não garante que o próprio indivíduo seja capaz de lembrá-los depois.

Se o blog vai garantir uma memória, ainda que artificial, fiel, é uma outra questão. Neste sentido, é fundamental entender que a "memória física" é mais forte no diário por escrito já que ele é capaz de guardá-la na folha de papel através da caligrafia e mostrar as marcas do tempo no envelhecimento do caderno. Toda essa memória física vai se apagando com o diário virtual não só pelo uso da tela como suporte, como também pela série de mudanças nas escritas que a internet permite fazer posteriormente.

São essas mudanças, provenientes de reflexões posteriores, que apontam para a nova tendência de escrita no diário íntimo quando este se torna virtual. Como esse diário supõe um público, torna-se necessário que tudo o que o diarista pensa ou sente sofra uma reflexão antes de ganhar a forma de um texto. Por conta disso, o diarista virtual ganha bastante em informalidade, mas perde a espontaneidade que teria se estivesse escrevendo "de primeira" no papel.

A presença desse público determina uma nova escrita para o diário íntimo, e é dela que trata o quarto capítulo deste livro. O próprio meio de comunicação, com suas ferramentas e facilidades, instaura uma escrita mais rápida, informal e direta, na forma de *posts*, pequenos fragmentos, opiniões e comentários. Essas mudanças, que aparentemente parecem objetivar o diário íntimo e afastá-lo de sua função confessional, são na verdade as marcas de uma nova maneira de escrever sobre si próprio, mas ao mesmo tempo comunicando ao outro.

Como essa escrita é influenciada pela necessidade do diarista de conquistar um público, a maneira como esse escritor enxerga os interesses desse público é que vai determinar o gênero de blog que ele fará. O caminho mais natural é procurar tratar de assuntos de interesse geral com uma leitura própria. Por isso é comum que muitos blogueiros designem seus diários como jornalísticos, porque pensam que sua maneira de escrever se aproxima em muitos pontos à de um colunista ou cronista de jornal.

Embora muitos textos íntimos possam ser considerados documentos que fazem parte da memória de um determinado acontecimento histórico, só o blog possui um caráter realmente jornalístico, porque permite ao escritor divulgar uma notícia em tempo real, e essa rapidez reforça o ponto de vista factual. Um bom exemplo é a função dos blogs como fonte de notícias durante o atentado nova-iorquino de 11 de setembro de 2001. Mas, apenas para dar uma primeira idéia, um artigo do jornal *Mosaïque*, do metrô de Paris, mostra que as mulheres iranianas encontraram no blog uma maneira de evocar publicamente assuntos considerados tabus. Sem dúvida, uma notícia interessante sobre a sociedade do Irã que não poderia ser veiculada com tantos detalhes numa matéria de jornal.

Para muitos blogueiros, a única saída para estimular a leitura do público é o estilo de escrita voltado para a crônica. Por conta disso, alguns preconceitos antigos quanto ao valor do escrito íntimo como documento voltam exatamente pelas mãos do grupo que se esforçou por fazer ressurgir o gênero: os novos diaristas. O objetivo aqui é também mostrar como esse preconceito em relação à autobiografia foi se formando e que escritores foram responsáveis pela destruição dele através de escritos pessoais com valor documental e literário. Simone de Beauvoir, Michel Leiris e Jean-Paul Sartre aparecem como exemplos de escritores que fizeram dos seus diários grandes obras, seja utilizando-os como base para um livro, seja escrevendo uma ficção em forma de autobiografia ou usando trechos inteiros de diários para dar valor histórico a algum escrito.

Dentro da escrita íntima virtual, o que importa para a formação de um público é mais o estilo que o diarista vai imprimir ao seu blog do que propriamente o quanto esse blog é capaz de informar do seu tempo ou de sua história. Isso porque a leitura é mais imediata do que posterior. Dessa maneira, é muitas vezes quando o autor fala de sua intimidade e de si mesmo que consegue se aproximar do leitor. E embora os blogueiros procurem dividir seus blogs em estilos diferentes — jornalístico, pessoal ou de serviços —, na maioria das vezes eles são uma mistura desses vários estilos. É a tensão e o equilíbrio entre eles que vai fazer desse tipo de escrita uma escrita diferente. Porque, para estar em sintonia com o público, é preciso usar um pouco de cada um desses ingredientes, revelar alguns pontos, esconder outros, personalizar alguns assuntos e generalizar outros.

Apesar da vasta bibliografia sobre o estudo do escrito íntimo, há pouca coisa além de artigos abordando o diário íntimo virtual. Assim sendo, estabeleci uma volumosa correspondência eletrônica com o professor Philippe Lejeune que, no início de 2000, acabava de lançar pela Editora Seuil *"Cher écran..."*, um estudo sobre a escrita íntima no computador e na internet. No livro, ele disponibiliza um vasto material sobre o assunto, mas faltava fazer uma leitura do blog no contexto brasileiro. Com esta finalidade, lancei-me a um trabalho de campo para procurar obter dos próprios autores dos blogs as respostas a minhas perguntas. O quarto e último capítulo deste livro mostra o resultado dessa pesquisa realizada com dois grupos: um de blogueiros, nos meses de setembro e outubro de 2001, e outro de jornalistas, no mês de abril de 2002.

Blog: comunicação e escrita íntima na internet

CAPÍTULO I # A tensão entre o público e o privado

O ponto escolhido para começar a estudar o blog foi a passagem do diário do papel para o plano virtual. Uma das coisas que mais intrigam nessa passagem é a mudança das relações entre quem escreve o diário e quem o lê, porque, ao entrar na rede, o diarista passa a ter um ou mais interlocutores. Por mais que antes da internet existisse um enorme desejo do diarista de ser lido, o que se observava era que ele se dirigia, a princípio, apenas a si mesmo, como se fosse um teste para enfrentar o público. O autor escrevia para si próprio, ele era o seu interlocutor. A escrita íntima era uma maneira de se conhecer um pouco mais, de dizer coisas que não podiam ser ditas em público.

No entanto, eram coisas que alguns autores desejavam que fossem divididas com alguém. Como dizê-las sem sofrer as conseqüências de se expor? A tela do computador surge como um vidro opaco através do qual as pessoas podem trocar idéias e opiniões sem serem vistas. Do outro lado dela, existe um público que pode "ouvir" o que o autor tem a dizer e dar a sua opinião (contrária ou não). Tudo isso sem o constrangimento das relações face a face.

Com essa pequena mudança no meio de comunicação — do papel para a tela —, o diário deixa de fazer parte da esfera íntima e se abre para a esfera pública. É um paradoxo: o escrito que deveria, a princípio, permanecer fechado para o mundo e para as relações exteriores se abre para ambos, de uma nova maneira.

Durante muito tempo o diário foi um marco da defesa da intimidade do indivíduo, de seu espaço privado. Apesar da tradição coletiva inicial dos diários, presente nos livros comunitários e nos diários de bordo, o caráter privado tornou-se um traço forte e conformador da escrita íntima desde o Renascimento europeu. Por que então abri-lo ao público? Esta é a principal questão que vai ser discutida neste capítulo.

Analisando esse aparente paradoxo, percebe-se que o fenômeno da intimidade aberta ao público não é exclusivo dos diários íntimos. É freqüente e está no mundo atual de várias maneiras. A presença, cada vez maior, dos *reality shows* na televisão e das *webcams*, o sucesso das revistas de fofoca e a volta dos *paparazzi* mostram quanto interesse o público tem pela intimidade alheia. E, o que é mais importante, o quanto ele tem sede de uma intimidade que não é necessariamente protagonizada por gente famosa, mas por pessoas comuns parecidas, o quanto possível, com o próprio público.

Esta tendência não é observada apenas nos meios de comunicação; faz-se sentir também na arquitetura, nas artes e na política. É uma constante. A Casa de Vidro, no Chile, é um exemplo: uma casa construída por dois arquitetos que decidiram colocar uma jovem e bela atriz expondo sua vida 24 horas por dia para uma multidão de curiosos. Este caso é interessante porque o Chile, a exemplo do Brasil, é um país latino-americano "em desenvolvimento", como o classificam alguns cientistas sociais, e também por se tratar de um teste recente em que as tensões entre o público e o privado são colocadas à prova.

A Casa de Vidro não era apenas um projeto arquitetônico, mas também artístico e social, um projeto realizado num país de fortes tradições históricas, com tendências machistas, excesso de moralismo e religiosidade e algumas dificuldades econômicas. A casa, que ficou exposta durante alguns meses, instalada em frente ao poder político, representado pelo palácio presidencial La Moneda, e ao poder religioso, simbolizado pela Igreja de las Augustinas, gerou uma série de discussões de cunho moral e econômico. Como um país com todas essas características pôde deixar o governo financiar um projeto desses?

Para muitas pessoas, o projeto chileno não passou de um grande engarrafamento na rua principal de Santiago do Chile para ver uma atriz exibicionista. Mas o fato é que ele expunha uma esfera que, durante muito tempo, o indivíduo tinha lutado para conquistar e manter afastada do público: a esfera íntima. A Casa de Vidro exibia a intimidade da atriz Daniela Tobar, mas também a de vários chilenos que apareciam nas ruas para expor algo impensável para o *voyeur*, o seu próprio ato de observação.

É impressionante que o movimento tipicamente burguês de conquista da esfera íntima, que levara séculos para se firmar, agora estivesse mudando. O espaço privado, conquistado a duras penas, se abria para o público. É essa curva que ascende e depois declina que será examinada aqui: como os valores do individualismo e do narcisismo contribuíram para que o indivíduo conseguisse proteger seu espaço privado de um público cada vez mais invasor e, mais recentemente, como esse mesmo indivíduo encontrou novas formas de abrir para o público seu espaço privado.

É importante entender também o esforço para a criação da individualidade, sua trajetória histórica realizada em etapas, até que essa individualidade ficasse restrita ao quarto, ao aparelho de televisão individual e, finalmente, ao computador, que só pode ser usado por uma pessoa de cada vez. Para delimitar esse espaço, a arquitetura esteve presente o tempo todo tentando impor separações ou aproximações entre as pessoas. A divisão dos cômodos na casa burguesa, as dependências de empregada e a sala de estar são exemplos do individualismo, presente nas classes mais abastadas. Em oposição, nas classes populares, observa-se a mistura dos cômodos e a marcante falta de privacidade.

Até chegar à tendência atual dos *lofts*, das paredes de vidro, das empresas que não se dividem em salas, da queda da hierarquização. Apesar disso, o que se observa é que, mesmo com todas as tentativas de aproximação criadas pelos ambientes abertos, as pessoas se fecharam em si mesmas. De tal maneira que elas até aceitam a observação externa, contanto que ela venha de longe, que seja difusa.

Tendo em vista a sensação dos indivíduos de estar sendo vigiados o tempo todo uns pelos outros, este capítulo procura mostrar como os mecanismos de vigilância do Big Brother do romance de George Orwell (*1984*) e do panóptico de Michel Foucault receberam uma leitura contemporânea. Essa vigilância não é obrigatória, as pessoas se vigiam por curiosidade ou pela necessidade de ver as outras como um espelho de si mesmas.

Se no passado a saída que muitos encontraram para afirmar sua privacidade foi criar o seu espaço próprio através do diário íntimo, hoje o computador permite, mesmo nos ambientes de forte relação com o público, como os locais de trabalho, construir uma esfera privada. Quando alguém se senta em frente à tela do computador desdobra a sua realidade em duas: aquela na qual está inserido e a que irá criar para além da tela. Elas podem depender uma da outra, mas também podem estar totalmente separadas. É o momento em que o indivíduo se desdobra, que pode estar em dois locais ao mesmo tempo.

O computador permite ao autor do escrito íntimo realizar um desejo que jamais poderia ter sido realizado através de outro meio de comunicação: o de se expor sem se identificar. A opinião do outro, tão importante para quem escreve, pode ser conhecida sem que o autor precise ter um contato direto com o leitor. Desta forma, os sentimentos pessoais, íntimos, podem ser também encontrados em outras pessoas, justamente aqueles "estranhos" a quem o autor tanto teme.

A opacidade da tela permite aos diaristas encontrar seus semelhantes sem que para isso precisem ter um contato direto com eles. Esse contato só acontece se os dois lados da equação estiverem dispostos. Cada um se fecha tanto que acaba virando um estranho para si mesmo, de tal forma que só poderá voltar a se entender se puder ver no outro um reflexo de si próprio. Por isso a reabertura agora para o público: é ele que vai ajudar a redefinir no indivíduo o seu lado privado, a sua identidade.

A CASA DE VIDRO

No início de 2001, os arquitetos Arturo Torres e Jorge Cristi finalmente colocaram em prática a idéia do projeto de investigação artística *Nautilus*. Eles conceberam o projeto em 1998, apresentaram-no para o Fundo de Desenvolvimento das Artes e da Cultura (Fondart), receberam nota máxima na sua defesa e uma subvenção de 5.200.000 pesos para colocá-lo em prática. O *Nautilus* tinha como proposta estabelecer parâmetros críticos nos espaços urbanos, sempre com uma perspectiva artística. Com o objetivo de mostrar os limites entre o público e o privado, os arquitetos tiveram a idéia de instalar uma casa de vidro na rua Moneda, uma das mais movimentadas da cidade de Santiago do Chile, com todas as funções básicas para uma pessoa subsistir. O passo seguinte foi escolher um ocupante para o lugar. A atriz Daniela Tobar, amiga de ambos, foi selecionada para viver durante dois meses na casa. Será que as pessoas estariam prontas para assistir tão de perto à intimidade exposta?

As respostas do público chileno foram as mais variadas possíveis. De um lado havia os defensores da Casa de Vidro como uma obra de arte responsável pela problematização de questões fundamentais da atualidade. De outro, uma enorme intolerância resultante principalmente do moralismo. No meio, Daniela Tobar via sua rotina vigiada em tempo real e nos mais recônditos pormenores: uma curiosa multidão assistia à sua toalete matinal, à troca de roupa, à visita do namorado e até ao momento em que usava o vaso sanitário.

Toda a reação moralista em torno do "experimento" vem claramente de uma sociedade chilena tradicional, melindrada pela exposição da intimidade alheia — que nada mais é do que a sua própria intimidade —, que podia ser vista e lembrada diariamente. "O imoral não é a menina que se despe, mas que a Fondart gaste tanto dinheiro financiando estas bobagens quando existem tantas pessoas que passam fome e tantos desempregados no Chile", era o combate que o aposentado Manuel Gonzalez fazia ao projeto. Para o morador médio de uma cidade como Santiago, cheia de contrastes e dificuldades, era incompreensível que uma iniciativa cara como essa fosse subvencionada por um órgão do governo. Por outro lado, o moralismo dos chilenos também se via diretamente atacado, talvez esse fosse um motivo de oposição mais relevante que o primeiro, mas mais difícil de reconhecer. Arturo e Jorge eram arquitetos ligados à Universidade Católica de Santiago. O projeto tinha, portanto, nascido num berço improvável e contava, mesmo que indiretamente, com o apoio daquela que deveria ser sua maior inimiga: a Igreja.

A escolha da rua Moneda foi um dos pontos importantes do projeto: era preciso que fosse uma rua de grande movimento. A Casa de Vidro ficou curiosamente localizada a menos de duas quadras do palácio presidencial e exatamente em frente à Igreja de las Augustinas. Nessa mesma igreja, onde se juntavam os grupos de beatas católicas em protesto, os "machos latinos" encontravam seu lugar nas janelas, nas torres e nas escadas para ter uma visão privilegiada da atriz de 21 anos.

A maior reação do público, embora os arquitetos esperassem muitas outras, foi de puro *voyeurismo*. A primeira conclusão da própria Daniela Tobar era de que a multidão acumulada em frente à sua casa provisória refletia os graves problemas sexuais dos chilenos. A discussão chegou ao círculo dos intelectuais. O sociólogo Fernando Villegas ridicularizou tanto os autores da proposta como a instituição que a apoiara. Numa coluna intitulada "Os gênios da Fondart" (Los genios del Fondart), Villegas desaprovou o experimento público: "Tem-se comprovado, além de toda dúvida, que se você põe uma mulher jovem e bela a despir-se ou tomando banho por trás de muros de vidro, tudo isso às vistas de quem por ali passar, o público vai se aglomerar maciçamente e vai ser constituído principalmente de homens." Ele termina se perguntando se vale a pena gastar 10 mil dólares para se chegar a essa conclusão.

O que Villegas não se perguntou foi o porquê de tantas pessoas que praticam o *voyeurismo* reservadamente estarem dispostas a reconhecer publicamente essa prática. A Casa de Vidro desnudou a "suposta" vida de Daniela Tobar, mas também tornou mais transparentes os desejos dos chilenos. O *voyeur* tem um certo instinto de preservação de sua própria intimidade; quer ver tudo, mas não quer ser visto. É um costume antigo em Santiago que nos cafés onde se pratica o *topless* os homens fiquem olhando pelas frestas das portas sem ousarem entrar. A Casa de Vidro está aberta aos olhares desses homens. Mas é possível entrar? Se o vidro parecia um frágil material de proteção da privacidade, um muro de cimento que separava a multidão da casa numa distância de 10 metros servia para lembrar que a intimidade estava exposta para quem quisesse ver, mas estava longe de quem quisesse tocar.

O projeto começou no dia 26 de janeiro de 2002, e menos de 48 horas depois da sua implementação já causava alguns problemas. Um foco de aglomeração criou-se em frente à casa, dificultando o trânsito dos pedestres e dos automóveis. Algumas pessoas paravam o carro no meio da rua para ir se juntar à multidão de curiosos. Os problemas concretos somaram-se às questões morais e a polícia logo no início pediu uma resolução judicial que desalojasse a casa transparente do local onde estava. Diante de um problema que jamais imaginara que fosse ocorrer (uma via pública ameaçada pela exposição da vida privada), o diretor da área de operações da Municipalidade de Santiago, Hernan Ortega, não via tecnicamente nenhum impedimento para a manutenção do projeto até o dia 18 de fevereiro. A única exigência era a de que a Fondart justificasse o valor do projeto para a comunidade.

A idéia inicial — saber até que ponto a sociedade chilena era capaz de respeitar os direitos individuais — acabou se desvirtuando. Quando a atitude *voyeurista*, por definição privada, saiu às ruas e se tornou pública, o controle da experiência escapou aos seus criadores. Num curto período de tempo, Daniela Tobar dividia as primeiras páginas dos jornais com a expectativa da volta do ex-ditador Augusto Pinochet. Aquela que era uma aspirante a atriz, estudante da Escola de Teatro, se tornara da noite para o dia uma estrela famosa. Interessada em sua ascensão pessoal, Daniela aproveitou a conotação erótica que sua figura emprestou ao projeto e começou a aparecer em matérias de revistas masculinas.

A nudez, que deveria ser acidental no projeto, passou a ser o elemento de destaque. A experiência pública virou um atentado à moral. O pudor e os bons costumes estavam sendo ameaçados, e a privacidade, escancarada. O projeto *Nautilus* ficou entre a ação social e o exibicionismo artístico.

1984 OU A INVERSÃO DO PANÓPTICO

A Casa de Vidro pode ser considerada uma metáfora do mundo atual. A privacidade não precisa mais ser espiada pelo buraco da fechadura; em muitos casos ela está aberta, escancarada para quem quiser ver. Este é o princípio básico de alguns dos principais *sites* de *voyeurs* na internet e até de alguns programas de televisão. No *site* Morango (www.morango.com.br) do portal iG, escolhe-se a cada período de tempo uma garota diferente para "mostrar a intimidade". Em fevereiro de 2002, a escolhida foi Janaína. No *site*, quando se clica no *link* Casa da Janaína, encontramos o seguinte texto:

> *"Imagine aquela gata que é sua vizinha. O que ela faz? Como dorme, o que come, o que veste e como será quando não está vestida... Imagine você vendo tudo isso sem ela saber. O Morango invadiu a privacidade de Janaína e convida você a entrar no 19º andar para participar da intimidade e do dia-a-dia de nossa mais nova descoberta. Quem de nós não é um pouco voyeur? Entre, a casa é sua." (http://morango.ig.com.br/aovivo/casadajanaina/)*

O *site* oferece as opções de entrar na sala ou no quarto da moça.

Janaína nem sequer é conhecida, como diz o texto, poderia ser a nossa vizinha. O que nos faz querer observar a vida dela? Uma imensa curiosidade pela vida alheia e um *voyeurismo* desenfreado fazem com que aumente, cada vez mais, o interesse pela rotina de estranhos e anônimos. Janaína, por sua vez, explica numa entrevista que decidiu se expor por ser exibicionista.

O *site* não promete nada: "Quem sabe um dia Janaína pode dormir de calcinha?" Essa leve possibilidade arrasta uma multidão de curiosos que, na maior parte do tempo, vêem na tela do computador a intimidade de suas próprias vidas. Lá estão aquelas garotas escovando os dentes, tomando o café da manhã, fazendo o jantar, preparando-se para festas, falando ao telefone, dormindo. O que muda é o fato de estarem sendo observadas o tempo todo e saberem disso.

Uma das idéias que mais foi defendida nas reportagens chilenas em relação à Casa de Vidro era a de que a situação lembrava o romance *1984*, de George Orwell, às avessas, já que não era mais preciso um Big Brother para observar em segredo, com câmeras escondidas. A vida privada já está bastante exposta e por isso não precisa ser espionada. O livro de Orwell, publicado em 1949, fazia uma descrição alegórica que enfatizava o caráter destrutivo dos aparelhos de um Estado totalitário. Este era o futuro que o escritor vislumbrava na época.

O mundo de *1984* estaria dividido em três corporações e o Big Brother (uma alusão aos grandes ditadores que desencadearam a Segunda Guerra Mundial) era o grande e, principalmente, onipresente líder da Oceania (Estado-corporação que dominava todos os povos "civilizados"), responsável pela vigilância da privacidade de cada um. Winston, o personagem principal do livro, tem a tarefa de reescrever as notícias de jornal de modo a conciliá-las com a vontade do grande líder. Aos poucos, ele vai percebendo o estado de alienação, fantasia e terror criado pelo "Ministério da Verdade" para manter os habitantes da Oceania em regime de escravidão. Winston, no entanto, não consegue mudar sua visão sem que a mudança seja percebida por O'Brien, um intelectual membro do alto escalão do "Partido Interno" e responsável pela observação desses "pequenos rebeldes".

O que Orwell via pela frente era um Estado sádico, que visava à destruição do pensamento coerente dos indivíduos até o ponto em que abrissem mão de suas questões pessoais e mudassem sua personalidade para se adaptar às exigências arbitrárias de um "dono da mente".

O principal inimigo de O'Brien era a individualidade de Winston. Era a capacidade de Winston de estabelecer uma identidade privada frente a uma massificação do pensar e do saber. O que Orwell não podia imaginar é que seu romance poderia ser escrito de uma maneira diferente. Analisando atualmente o programa de televisão *Big Brother*, pode-se ver que o olho que observa é o olho do público e que as pessoas observadas não estão ali por obrigação, mas por escolha. É como se o personagem Winston fosse estimulado a continuar a escrever o diário que iniciou no começo do livro. E que, ao contrário do que se previa, seu diário pudesse ser publicado ou sua vida pudesse aparecer na televisão não porque um ser "superior" e alheio assim queria, mas porque o próprio Winston decidira fazê-lo. E o motivo de tal atitude talvez se aproxime em muito ao de Daniela Tobar: uma dose de exibicionismo.

Contrariando os temores de Orwell, os governos se tornaram, de modo geral, menos autoritários do que se esperava no livro. Em contrapartida, a própria sociedade passou a espreitar a vida privada dos indivíduos. Estamos na transição do "Estado de vigilância" para a "sociedade de vigilância" — é o que defende o cientista político canadense Reg Whitaker em seu livro *The end of privacy* (O fim da privacidade). Não é mais um governo centralizado que monitora as atividades da população, mas as empresas, os vizinhos, a própria família e, principalmente, os meios de comunicação, que utilizam sistemas de vigilância cada vez mais sofisticados.

Parte dessa vigilância é impossível de ser combatida, conforme uma reportagem da revista *Superinteressante* de maio de 2001. Ela começa cada vez que saímos na rua: "Só na cidade de São Paulo, cerca de 125 mil câmeras monitoram as atividades dos pedestres, dos prédios, parques, lojas e calçadas. Cerca de 75% das grandes redes de supermercados, farmácias e lojas reforçam a segurança com filmadoras." Por outro lado, o próprio indivíduo é cúmplice de uma parte dessa vigilância social. Não são apenas as instituições que fazem com que as pessoas se registrem em sistemas de controle, mas as próprias pessoas entregam seus dados pessoais de forma voluntária e, às vezes, despreocupada. Whitaker explica que a nova tecnologia de controle se diferencia das outras de duas maneiras: ela é descentralizada e consensual.

O controle é então exercido por várias instituições e ainda conta com o aval dos próprios indivíduos. Os motivos pelos quais as pessoas abrem mão de sua privacidade conscientemente, ao contrário do que supunha a ficção de Orwell, são os mais variados. Em geral, existe uma expectativa de retorno: a tão sonhada exposição na mídia, dinheiro, serviços e atendimento personalizado. Em alguns casos, sob a alegação de segurança contra o crime e a violência urbana, se instaura a violação do espaço privado.

Os meios de comunicação — inclusive a internet — vão ser os principais instrumentos que estimulam a espreita da vida privada. Manter a privacidade na internet é difícil. Cada clique do *mouse* é rastreado e o usuário acaba sendo marcado, seguido e identificado. Muitas vezes é encaixado em estatísticas anônimas. O seu fio de Ariadne é seguido e o final vai dar nele mesmo, em seus gostos, suas manias, sua intimidade. Para cada *site* em que o usuário deseja navegar, é comum que os seus dados sejam solicitados. Até para construir o seu próprio blog o diarista virtual precisa abrir mão da privacidade fornecendo várias informações.

Quem tem necessidade de olhar a vida alheia além do buraco da fechadura dificilmente se sentirá intimidado por essas exigências. Quando se está na internet, longe das relações face a face, o que mais estimula o usuário é o fato de saber que o seu ato de *voyeurismo* não está sendo avaliado, observado. Pode-se ficar numa posição "covarde" de observar os outros sem se expor ou, ao contrário, travar contato, mesmo que virtual, com aqueles que são observados.

A primeira postura lembra a estrutura do dispositivo do panóptico a partir do qual Michel Foucault desenvolveu a idéia de vigilância em *Vigiar e punir*. Através da invenção de Bentham, do século XIX, Foucault explica a genealogia dos poderes. O dispositivo é um edifício circular com uma torre no centro, uma área intermediária. O prédio é dividido em celas que ocupam toda a área da construção. Cada uma delas possui duas janelas, uma para o interior e outra que dá para o exterior, de modo a deixar entrar o ar e a luz. A visibilidade é uma armadilha. O panóptico organiza espaços que permitem que se veja sem ser visto, é uma estrutura de vigilância, uma garantia de ordem. Não é necessário vigiar o prisioneiro todo o tempo. Ele apenas precisa saber que pode estar sendo observado. Os mecanismos de controle e vigilância são então de ordem psicológica.

Segundo Foucault, em *Microfísica do poder,* um medo específico assombrava a Europa, na segunda metade do século XVIII: "Castelos, cemitérios, conventos, hospitais e prisões suscitaram uma onda de desconfiança e rejeição. Ambientes escuros que impediam a total visibilidade das coisas, das pessoas e das verdades eram incompatíveis com a nova ordem política. Precisavam ser eliminados, dando lugar às transparências e visibilidades." Era a Revolução Francesa e com ela o Iluminismo que dissolvia os fragmentos da noite, trazendo a luz. Longe da escuridão das masmorras e da punição exemplar transformada em espetáculo — o corpo supliciado diante da presença do rei ou da população —, o novo poder projetava uma luz sobre o condenado. Surgia uma visibilidade calcada na regulamentação do tempo e na localização precisa dos corpos no espaço. Isso possibilitava o controle, registro e acúmulo do saber sobre os indivíduos vigiados.

A passagem para a democracia não mudou muita coisa. Tem-se acesso a bastante informação, mas sob pena de se ter de desnudar um pouco da privacidade. A intimidade é invadida, mas, como os prisioneiros do panóptico, as pessoas sabem que estão sendo observadas e, muitas vezes, querem ser observadas. Os que observam recai a possibilidade de acumular dados e informações sobre aqueles a quem "vigiam". Na época atual, os *sites* de *voyeurismo*, os diários íntimos e, em última análise, os *reality shows* da televisão permitem que se veja sem ser visto. E reproduzem nos indivíduos uma sensação de poder igual à do carcereiro no panóptico: a de exercer um poder sobre o outro sem que seja necessário estar presente.

Tudo o que se realiza nos programas de televisão, abertamente para um público, e nos diários íntimos da internet —

que também buscam um público, mas de maneira velada — é feito levando-se em conta o olhar desse Outro. O diarista virtual sabe que, quando está escrevendo o seu blog, está sendo observado e, de certa forma, avaliado por alguém. Mesmo que muitos digam o contrário, é visando a conquistar esse alguém que os diaristas escrevem. Por isso muitos perdem a liberdade: levam muito a sério o olhar do Outro, passando a encará-lo não como um opinador, mas como um carcereiro.

Com objetivos bastante diferentes, a Escola Internacional foi uma das primeiras instituições contemporâneas a utilizar em arquitetura, assim como o inventor do panóptico, o conceito de "visibilidade" na construção de edifícios de grande porte. A idéia era criar paredes feitas inteiramente de vidro, separadas apenas pela moldura dos suportes de aço. As diferenças entre o interior e o exterior do edifício deveriam se dissolver, até que o menor ponto de diferenciação fosse atingido. Por outro lado, as paredes eram barreiras herméticas, ou seja, as atividades desenroladas no interior do edifício ficavam isoladas da vida na rua. Como na Casa de Vidro, as pessoas podiam ver mas não podiam tocar.

Visibilidade e isolamento social passaram a ser duas expressões que andavam de mãos dadas. Sempre voltamos a elas quando vemos que, quanto mais "visíveis" se tornam os diaristas virtuais, mais eles se afastam do convívio social baseado na relação face a face.

O primeiro arranha-céu no estilo da Escola Internacional, construído em Nova York, foi a Lever House, na Park Avenue, logo após a Segunda Guerra Mundial. Depois, em Londres, construiu-se o Brunswick Center: "Dois enormes complexos de apartamentos se erguem para fora de um grande espaço aberto de concreto. Os edifícios de apartamentos vão diminuindo a cada andar, de tal modo que cada um deles parece uma cidade com jardins suspensos", como explica Richard Sennett em seu livro *O declínio do homem público*.

A diferença entre esses dois edifícios é que o Brunswick Center era um prédio residencial. As sacadas dos apartamentos eram todas envidraçadas e cada morador tinha a sua "estufa" com muita luz e ainda mantendo a diferença entre o interior e o exterior. Cada morador poderia ver o céu e ter uma falsa impressão de visibilidade, mas, na verdade, os edifícios estavam dispostos de maneira a evitar a relação entre os blocos de apartamentos, e mesmo a sua visibilidade. Mas é dado ao observador externo olhar todo o conjunto de apartamentos, como no panóptico. Os moradores não estabelecem relações entre si, não se vêem, mas quem olha "de fora" tem a oportunidade de observar a todos.

Vários arquitetos acabaram usando a idéia da "parede permeável", tanto fora como dentro dos prédios. A transparência dá a falsa ilusão de visibilidade que, em vez de produzir a comunhão, cria o isolamento social. No interior dessas construções, as paredes divisórias são suprimidas e andares inteiros ficam abertos. Aparecem os *lofts*. No ambiente de trabalho, as paredes baixas ou de vidro que separam as salas fazem com que as pessoas fiquem expostas visualmente umas às outras. Esta disposição acaba estimulando, ao contrário do que se poderia esperar, mais a reserva do que a sociabilização. "Quando todos estão se vigiando mutuamente, diminui a sociabilidade, o silêncio é a única forma de proteção", diz Sennett.

Esse paradoxo contemporâneo, visibilidade *versus* isolamento, é fruto de uma "falta de distanciamento". As pessoas precisam de uma distância mínima de observação íntima para tolerarem as relações sociais. Até agora vimos dois lados da exposição da intimidade: o exibicionismo e o isolamento. Em ambos, o "público", como platéia, tem uma visão panorâmica de quem está sendo "vigiado". Será que no ambiente virtual — sem a presença do corpo, da voz e dos gestos — o paradoxo se mantém?

No caso específico do diário íntimo na internet, não. Isso porque as relações virtuais entre as pessoas se dão majoritariamente através do texto. Distantes fisicamente, os diaristas virtuais são capazes de expor suas intimidades para o público e, eventualmente, manter um contato via correio eletrônico com parte dele. A intimidade é compartilhada, mas entre o diarista e seu público existe um vidro que não é permeável: a opaca tela do computador. Por trás dela está cada observador, cada indivíduo isolado no seu ambiente.

O PROBLEMA DO PÚBLICO-LEITOR

Basicamente o que aconteceu foi uma enorme mudança através dos séculos na relação do indivíduo com o Outro que o olha, esse observador indefinido, mas que tanto o preocupa ainda hoje. Ou seja, a relação do público com o privado.

Em meados do século XVII, tanto as cortes da França como da Inglaterra estimulavam as relações do indivíduo com o público. Não era raro se conhecer alguém pelo seu nome e por seus feitos. E estes eram sempre exaltados em ocasiões sociais, numa saudação inicial.

No entanto, esse tipo de relação era dúbio. Como as cortes eram muito pequenas, ao mesmo tempo que os predicativos de cada um eram enaltecidos, seus antecedentes e sua reputação também eram avaliados. Às vezes, os fatos referentes a uma determinada pessoa eram analisados antes que ela fosse apresentada às outras. Sem o consentimento do indivíduo, sua intimidade era violentamente invadida e sua vida, vítima de uma estranha boataria. Informações a respeito de seus casos amorosos, de seus pecados, de suas pequenas ambições eram dissecadas, observadas, comentadas, e o que antes era um assunto privado passava a ser de domínio público.

No século XVIII, a cortesia das relações em público implicava uma espécie de homenagem ao outro, sem que fosse preciso ser direto ou pessoal. "Os outros" consistiam num grande número de desconhecidos. As cidades passaram a assumir um caráter cosmopolita e a "platéia social" se tornou um conjunto de estranhos. Os papéis sociais deveriam ser desempenhados com muito cuidado diante dessa platéia.

O número de estranhos (em inglês *strangers*, que também significa estrangeiros) foi aumentando nas cidades, a ponto de se tornarem multidões de desconhecidos. A partir daí, surge o "problema" da platéia de estranhos, que no fundo era o mesmo enfrentado pelo teatro e o mesmo que um diarista virtual enfrenta atualmente. Como fazer com que pessoas que não nos conhecem acreditem em nós? Neste caso, uma das soluções, segundo Richard Sennett, consiste em as pessoas criarem, tomarem emprestados ou imitarem comportamentos que todos concordam em tratar como "adequados" e "verossímeis". Surge então, a partir daí, a necessidade de representar um comportamento social tendo em vista a reação do outro.

Ou seja, a partir do século XVIII, o ator e o estranho da rua passam a ser julgados da mesma maneira. A técnica aprendida por um no domínio da arte é aplicada pelo outro nas relações sociais. Essa aproximação entre o palco e a rua, ainda presente nos dias atuais, resgata a idéia da escola tradicional de *theatrum mundi*, que toma a sociedade por um palco e os homens por seus atores. Cada aparição social deveria ser verossímil, ter poder de convencimento. Para isso, era necessário que o indivíduo estivesse pronto para atuar.

O mundo como teatro pedia um público diferente, adequado a essa nova postura: uma sociedade em que uns eram espectadores, outros, atores. Um público que já sabia de antemão o espetáculo que iria ver, o das aparências da vida cotidiana, em que as pessoas se apóiam em gestos e símbolos que até podem ser reais, mas as emoções que transmitem são representadas.

O que se pôde observar com o passar do tempo e o afastamento cada vez maior entre o público e o privado é que a intimidade também passou a ser encenada. Criaram-se novos lugares de encontro para essa multidão de estranhos e para o desempenho de papéis. No século XIX, os locais públicos eram espaços construídos para as pessoas verem e serem vistas. O comportamento em público era restrito à observação e à participação passiva, daí o *voyeurismo* que seria tão desenvolvido no século posterior. Era o que Balzac chamava de "gastronomia dos olhos". "A pessoa está aberta para tudo e nada rejeita *a priori* de sua esfera de ação, contanto que não tenha que se tornar um participante ou envolver-se numa cena", explica Sennett. Ergueu-se um muro invisível de silêncio entre o público e o privado. E o comportamento social ficou restrito à observação — dos homens, dos locais, das cenas.

A FAMÍLIA COMO REFÚGIO BURGUÊS DA PRIVACIDADE

Já no século XIX se delineava uma sociedade a caminho de se tornar íntima, como a que existe hoje. O privado começava a se sobrepor ao público e a ser considerado mais importante do que ele. Começava a se criar uma defesa contra o *voyeurismo* alheio: a retenção do sentimento. Para manter a privacidade e "enfrentar" a vida pública nas ruas, a única arma do indivíduo era o silêncio, a diminuição da comunicação na troca com os outros.

A intimidade passou a ser preservada e uma importante cisão foi feita entre a vida pública e a vida privada. Cada vez mais, as pessoas passaram a desempenhar papéis na vida pública, guardando a sinceridade para o meio privado. Em parte, o fator que mais contribuiu para essa mudança foi o crescimento das grandes cidades. O número de estranhos e a convivência com eles aumentavam e as conversas sobre a própria personalidade num primeiro contato eram consideradas cada vez mais inconvenientes, até serem banidas. A espontaneidade dos sentimentos ficou limitada à convivência privada. O homem social aprendeu a usar a ambivalência e os sentimentos fragmentários.

Numa época em que se desconfiava do contato com estranhos, o principal meio de refúgio era a família. No pós-guerra, os membros mais jovens da escola de Frankfurt, como Jürgen Habermas e Helmut Plessner, voltaram a trabalhar as diferenças entre o público e o privado. Levando em conta a classe burguesa e a tendência compensatória do capitalismo, as pessoas que mantinham quase sempre relações impessoais no âmbito público passaram a procurar investir na família e na educação dos filhos.

Por outro lado, o papel da família também mudava. Ela ia deixando de tomar parte em funções públicas para participar somente dos rituais privados. Aos poucos, o núcleo familiar foi se fechando, se colocando em oposição ao convívio público. No início do século XX, em que se fortificava o muro protetor entre a vida pública e a privada, a última coincidia forçosamente com a familiar. A baronesa Staffe alertava: "Não devemos falar de assuntos íntimos com os parentes ou amigos que viajam conosco na presença de desconhecidos." Era preciso se afastar dos estranhos, desconfiar da vizinhança, evitar conversas sobre a vida privada.

Nas casas burguesas, essas mudanças se fizeram sentir rapidamente. Quase todas as casas eram divididas em vários aposentos — principalmente com as dependências de empregados separadas pelo vestíbulo e pelos corredores, como acontece até hoje. O aposento reservado aos visitantes — "corpos estranhos" na vida privada familiar — era a sala de estar ou de visitas. É nesse lugar, longe da sala de jantar onde se reúne a família todos os dias para fazer as refeições em comum, que os estranhos são recebidos. Ali estão os objetos e comportamentos que a família julga de bom-tom vir à tona em público. É a sala de estar que estabelece a transição arquitetônica entre a vida burguesa pública e a privada.

Atualmente, vemos que a necessidade de estabelecer privacidade tem mudado bastante. A tendência observada em vários apartamentos foi a de virarem grandes *lofts*. Os cômodos se tornaram interligados, e a sala de estar caiu em desuso, se não físico, ao menos social. Não é raro, quando se recebe um grupo grande de convidados numa casa pequena, que os quartos internos se transformem também em locais de acolhimento de visitas. Isso acontece porque o espaço privado se deslocou, em muitos casos, como veremos, para o plano virtual.

Mas o fato é que naquela época a organização da casa burguesa em vários cômodos, em alguns casos um para cada membro da família, manifestava o desejo de estabelecer uma vida privada, individual, dentro da vida familiar. Até que cada pessoa dentro de casa pudesse conquistar seu espaço individual levou algum tempo. O espaço privado se confundia com o doméstico. Criava-se um novo tipo de vigilância, que desta vez não era social mas familiar.

De certa maneira, é desta "vigilância familiar" que muitos dos praticantes da escrita íntima se queixam. Ela mudou, de uma maneira ou de outra, mas continuou presente nas pequenas invasões, na leitura por cima do ombro, na procura de textos e documentos escondidos. No princípio, a vigilância se estabeleceu baseada nas diferentes funções domésticas. O marido detinha o "poder econômico" dentro de casa. Às mulheres ficava reservado o controle do território doméstico. Elas organizavam as refeições, os horários de entrada e de saída de cada integrante, guardavam as roupas e tinham acesso livre aos quartos, o que por si só ameaçava a privacidade do marido e dos filhos. Sem o poder econômico ou doméstico, a vida privada dos filhos era quase inexistente. Os pais vigiavam as relações de amizade e amorosas de seus filhos, muitas vezes escolhendo até seus casamentos.

Entretanto toda essa proteção da vida individual, privada, era tipicamente burguesa. Nas classes populares, a situação sempre foi diferente. A maioria das famílias morava em casas com um ou dois cômodos em que se confundiam o lugar em que comiam, tomavam banho e dormiam. Jean Guéhenno oferece um retrato fiel dessas moradias no *Journal d'un homme de quarante ans*: "Tínhamos apenas um cômodo. Lá trabalhávamos, comíamos e, à noite, até recebíamos amigos. Dentro dessas paredes, tinham de caber duas camas, uma mesa, dois armários, uma cômoda, um suporte para o fogão a gás, espaço para as panelas, as fotos de família, as do czar e do presidente da República."[1]

Nesse espaço forçosamente compartilhado, era difícil manter a esfera de privacidade do indivíduo. Não era raro que a

---

[1] Imaginamos a falta de privacidade que reinava nessas casas, o que não é diferente do que as classes populares vivem hoje nas favelas. São casas com apenas um cômodo, em que se amontoam enormes famílias. E mesmo as pessoas mais ricas da comunidade dividem o próprio terreno para construírem a casa de parentes. Nas classes populares, ainda hoje, as relações sociais com a comunidade e a rede de amigos são mais fortes. Um precisa do outro e nessa hora o individualismo é deixado de lado.

toalete, hoje impensável como espaço não-privado, fosse realizada na frente dos outros integrantes da família. Era difícil dormir sozinho. Várias pessoas dividiam o mesmo cômodo, e muitas vezes a mesma cama, o que acontece ainda nos dias de hoje. Por motivos financeiros, os indivíduos das classes mais baixas nunca puderam ter muitos objetos pessoais que demarcassem sua individualidade. Eles eram poucos e, geralmente, tinham sido ganhos de presente.

Comparando a vida aristocrática, já vista anteriormente, e a vida popular, o que se pode observar é o que Jürgen Habermas já havia teorizado naquela época: a palavra "intimidade" é uma criação tipicamente burguesa, que se afirmou com a ascensão da classe. Uma prova disso é que a Idade Média não conhecia essa expressão. Segundo o historiador Philippe Ariès, "a vida era vivida em público, não existia quase nenhuma intimidade, as pessoas viviam misturadas umas com as outras, senhores e criados, crianças e adultos em casas permanentemente abertas às indiscrições dos visitantes". Ou seja, a intimidade estava exposta aos estranhos, como acontecia na Casa de Vidro.

A divisão entre a esfera pública e a privada começou a ser delineada muito antes, mas é a ascensão da classe burguesa que vai determinar o estabelecimento de uma esfera ainda mais recolhida: a esfera "íntima". E é principalmente nessa esfera que terá lugar o diário, a carta, o escrito íntimo.

O crescimento da família informal, o casamento por amor, a independência financeira e sexual foram alguns dos fatores históricos que determinaram o crescimento do individualismo. A família informal aparece através da difusão do sexo antes do casamento e do "morar junto". Os novos casais eram contra o termo "papel passado".

Quando o casamento passou a ser apenas uma das opções disponíveis, muitos casais preferiram investir numa relação passageira em vez de assumir um compromisso formal. A independência financeira e afetiva e o desejo de preservação da individualidade criavam novos lares compostos por apenas uma pessoa. Foi nesse ponto que, segundo Antoine Prost, a vida privada doméstica foi inteiramente absorvida pela vida privada individual. O indivíduo começa a investir em si mesmo. O consumismo, o culto ao corpo, a beleza e a saúde são as novas preocupações.

Richard Sennett tem uma visão bastante pessimista desse individualismo. Para ele, vivemos numa sociedade em que o "sentimento íntimo" virou o "padrão de realidade" para diversas finalidades. A confusão entre o público e o privado volta a acontecer, mas desta vez porque as pessoas usam os sentimentos pessoais para lidar com assuntos públicos.

O COMPUTADOR COMO APARELHO DO INDIVIDUALISMO

Durante muito tempo, como foi visto, a própria família funcionava como um refúgio do contato com o público. Até que o indivíduo se sobressaísse e descobrisse a sua importância como ser único. É claro que, na burguesia, essa "descoberta" se deu de maneira muito mais rápida. Um dos principais fatores que contribuíram para o individualismo foi a ascensão do amor romântico, que encontrou sua expressão no romance burguês do século XIX. Foi a partir daí que começou a construção da subjetividade burguesa, através de uma "intimidade intermediada literariamente", nas palavras de Habermas. Nesse romance, que defenderá temas contraditórios como razão/sentimento, indivíduo/sociedade e casamento por amor/casamento por interesse, o indivíduo ocupará o papel central. E pela primeira vez vai se delinear essa figura individual moderna, que é separada da sociedade e da própria família.

Depois disso, um dos fatores que mais influenciaram o crescimento do individualismo foi o aumento do conforto material. Ele se mostrou um item indispensável à intimidade. A noção de conforto se forma no século XIX e tem bastante ligação com o estilo de vida burguês. As classes mais altas sempre tiveram luxo, mas nunca conforto. Ele só virá com a sociedade industrial e os avanços que ela traz. Banheiro, água encanada e aquecimento são alguns deles.

A casa espaçosa com um cômodo para cada morador tornou possível aos membros da família se recolherem a seus quartos e se tornarem inacessíveis uns aos outros. O isolamento físico foi reforçado com a chegada dos aparelhos eletroeletrônicos. Cada um queria se sentir sozinho em casa, criar um mundo particular. Depois que a televisão se popularizou, quase todas as famílias possuíam uma na sala. As reuniões familiares para escutar o rádio e, depois, para ver televisão eram uma forma de sociabilização dentro da família, mas que excluíam as conversas durante e após o jantar.

A televisão logo foi barateada e permitiu que cada indivíduo dentro da mesma casa pudesse ter seu próprio aparelho, escolher e ver os programas que o interessavam, e assim o isolamento foi crescendo aos poucos. Finalmente, aparece o computador concebido para o uso individual. Mesmo que uma mesma família compartilhasse um único computador, era difícil viabilizar uma interação da família quando o indivíduo mergulhava no mundo para além da tela. Quando cada membro da família passa a ter o seu próprio computador, o aparelho toma dimensões individuais: é o programa que aquele indivíduo escolhe, com as ferramentas instaladas por ele, seus arquivos, suas pastas, sua agenda que, juntos, formam um diário íntimo ou um arquivo íntimo da vida daquela pessoa. É a individualidade evidenciada no ambiente de rede pelos possessivos "meu computador", "meus documentos", "minhas imagens" etc.

Nessas circunstâncias, a família passa a ser julgada em função da contribuição que pode trazer ao indivíduo. Sua intimidade e seu conforto isolam-no dela. As inserções familiares, quando não demandadas, são malvistas. O "estranho" está dentro da própria casa, qualquer ultrapassagem da fronteira íntima individual é considerada uma invasão. O *walkman* pego sem a consulta ao dono, o uso do quarto do outro, ou de suas roupas, e aquela espiada no computador passam a constituir uma invasão do espaço íntimo circunscrito pelo indivíduo.

Por outro lado, um movimento inverso se inicia. As classes mais altas (principalmente a burguesia), que lutaram tanto tempo para separar com clareza o espaço público do trabalho do espaço privado da família, começam a confundi-los novamente. De fato, o trabalho começa a roubar tempo da vida privada. Cada vez mais os horários de trabalho aumentam em detrimento de se passar mais tempo com a família. Com o individualismo e a necessidade de se ganhar cada vez mais dinheiro, o tempo gasto no trabalho e nas relações engendradas a partir dele aumenta.

Surgem então alguns espaços de sociabilização dentro do próprio trabalho. Com os refeitórios e os bares das proximidades começam a se formar os grupos de "colegas de empresa". As relações entre eles são uma maneira de ventilar essa burocracia, de estabelecer relações pessoais vivas dentro do quadro frio e impessoal do trabalho. No entanto, como a competitividade é grande, a intimidade entre os amigos de empresa nunca é de todo sincera.

Com a diminuição do tempo privado, a família esfacelada e a exacerbação do trabalho, o indivíduo se vê cada vez mais roubado de sua vida privada. Em função disso, algumas válvulas de escape foram criadas. Cada vez mais as transições entre o público e o privado se faziam sentir no dia-a-dia. Ao sair de casa o indivíduo já se via sob a custódia do tempo. Os horários do ônibus, do trem, de chegada ao trabalho passaram a ser muito importantes. Estar em seu próprio carro no trajeto para o trabalho ou com o *walkman* num meio de transporte público eram maneiras de prolongar o tempo privado.

BLOG: O DESDOBRAMENTO DO TEMPO PRIVADO

Desta forma, o tempo gasto no trabalho foi ficando cada vez maior e, muitas vezes, acabou invadindo o tempo pessoal. Os diferentes espaços começaram a se confundir. As relações de amizade e afetivas começaram a se formar no trabalho mesmo, já que o tempo para se conhecer pessoas novas diminuía. Por outro lado, com o aumento do volume de trabalho não era raro que se levassem tarefas para fazer em casa ou no fim de semana. Com o aumento do desemprego e a maior difusão do trabalho informal, os indivíduos passaram a trabalhar em casa.

Como resolver então o problema do tempo privado? Do tempo para si, longe da família e do trabalho? A minha hipótese é a de que grande parte das pessoas tenha encontrado uma maneira de desdobrar seu tempo. Ou seja, de estar em dois lugares ao mesmo tempo: um ambiente onde trabalham e têm suas obrigações diárias com os amigos e a família, e um outro em que cuidam de seus próprios interesses. É claro que essa possibilidade nos tempos atuais só existe virtualmente. E o computador pessoal foi o maior aliado nesse sentido.

Enquanto alguém trabalha, pode estar conectado na internet visitando outros lugares, participando de bate-papos, mandando *e-mails*, fazendo amigos.

"Consigo desdobrar a minha mente. Estou ficando perito nisso. Me vejo como duas, três ou mais pessoas. E limito-me a ligar uma parte de minha mente e depois outra, à medida que viajo de janela em janela. Estou tendo uma discussão qualquer numa das janelas e tento paquerar uma garota numa outra janela e, numa terceira, pode estar correndo uma folha de cálculo ou outra coisa técnica para a universidade... E de repente recebo uma mensagem em tempo real e calculo que isso seja a vida real. É só mais uma janela", explica o estudante Doug no livro *A vida no ecrã*.

A vida real pode se tornar, para alguns, apenas mais uma janela, e, em alguns casos, a pior delas. Aquela em que é preciso manter tantas relações com o público que sobra pouco tempo para se dedicar à vida privada.

O computador permite esse "isolamento" do meio em que o indivíduo vive, mas abre suas relações para outro(s) meio(s). Cada um pode realizar no computador uma série de atividades privadas, desconhecidas de quem mora na mesma casa, e, ao mesmo tempo, conviver com essas pessoas. O espaço privado volta a se encolher e a resposta do indivíduo é um deslocamento no tempo para um espaço virtual. Os destinatários imaginários do diário íntimo agora são reais. Mas um real distante fisicamente, que não influi diretamente na "vida real". O "autor" forma uma rede de amigos virtuais que compensa o seu déficit de relações reais. São amigos feitos à distância que, segundo Philippe Lejeune, criam um compromisso prazeroso, uma sociabilidade segura, que nós fazemos sozinhos, desembaraçados de nossos corpos e de nosso ser social, expondo apenas o lado de nós mesmos que queremos mostrar... a nossa alma. É uma maneira de conciliar o público e o privado sem que uma coisa se confunda com a outra, com a ajuda da mediação do computador.

A professora Sherry Turkle é uma socióloga que procura discutir algumas dessas questões na pesquisa que desenvolveu no Massachusetts Institute of Technology (MIT). A formação de Sherry faz com que tenha uma visão humana das relações criadas pelo e através do computador. Em seu livro *A vida no ecrã (Life on the screen)*, ela utiliza como fonte de pesquisa principal os MUDs (*Multi User Domains*),[2] espaços virtuais onde se pode navegar, conversar e, o mais importante, construir. A visão de Sherry pode ser utilizada aqui apenas parcialmente, porque no Brasil os MUDs acabaram não se desenvolvendo tanto quanto os blogs, mas são, da mesma maneira, um lugar de relações privadas com um público desconhecido.

Os MUDs são um novo tipo de salão virtual e uma nova forma de comunidade. Para Sherry, os jogadores de um MUD são os próprios autores desse MUD, ao mesmo tempo criadores e consumidores de seu conteúdo mediático. Como a tecnologia de ícones gráficos ainda é deficiente, a maior parte dos MUDs e também dos diários íntimos na internet se baseia na escrita. É através dela que os jogadores e os diaristas se tornam autores de seus textos e de si próprios. Novas

---

[2] A sigla MUD tem sua origem "histórica" no jogo de desempenho de papéis *Dungeons and Dragons* (Masmorras e Dragões), popular nos colégios americanos nos anos 70 e no início dos anos 80. Nesses jogos, era necessário criar a vida e a personalidade de um personagem para desempenhar um papel dentro de uma determinada história. Com algumas modificações, os MUDs levaram essa idéia para dentro do espaço virtual.

identidades surgem com uma interação social totalmente literária, daí a ligação tão forte entre a escrita eletrônica e o romance, ao qual ela durante tanto tempo lutou para se contrapor.

Cria-se então uma "segunda vida", em que a virtualidade é um fator importante para definir como se colocar diante dos outros. Sem a necessidade da presença física, é mais fácil se posicionar e dar adeus à autocensura. É mais ou menos como Alice se sentia antes de passar através do espelho: via ali uma outra pessoa que era igual a ela, mas que possuía ações inversas. E o que vamos descobrir ao passar por esse espelho que é a tela do nosso computador é que, como Alice, a pessoa que está do outro lado é muito parecida conosco. Justin Hall, um dos pioneiros do blog na rede, explica que nós precisamos de mais amigos ou ouvidos simpáticos, pessoas que possam ouvir nossas histórias e contar-nos as suas próprias. "Nós gostamos de ler histórias de outras pessoas porque elas nos ajudam a afirmar nossa própria história."

É essa "interação social anônima" que encoraja o usuário da internet a incrementar um espaço privado virtual da maneira como sempre sonhou. Este estudo se concentra num fenômeno típico dessa interação social relativamente recente no Brasil: a criação dos blogs. O termo é de origem americana e é proveniente da contração das palavras *web* (página na internet) e *log* (diário de navegação). O termo original seria *weblog*, mas com o tempo acabou sendo abreviado para blog.

O blog é uma adaptação virtual de um refúgio que o indivíduo já havia criado anteriormente para aumentar o seu espaço privado: o "diário íntimo". O mais interessante é que, apesar de todos os avanços técnicos, continua sendo um diário baseado na linguagem escrita. Se inclui a imagem, ainda é com uma padronização técnica e uma criatividade inferiores, e muito, à *bricolage* que caracteriza o diário no papel. Cabe então ao texto, e principalmente a ele, a criação do ambiente e da personalidade virtuais.

Na verdade, é um diário diferente do diário comum, o qual supõe segredo. Um diário, paradoxalmente, público, feito para ser publicado diariamente na internet e para ser lido. Baseado também na escrita íntima, nas pequenas misérias cotidianas, nas opiniões e inquietações do autor, mas admitindo um elemento novo: um público leitor. Admitindo, porque, pela primeira vez, pressupõe-se que o escrito íntimo é algo feito com o intuito de ser desvendado e comentado.

É claro que isso não representa nenhuma novidade. A história dos diários íntimos está cheia de casos em que o autor, por decisão própria, resolveu que os seus escritos seriam publicados algum dia. Um dos exemplos mais conhecidos é o de Anne Frank, que decidiu que, quando a Segunda Guerra terminasse, publicaria um livro baseado no seu diário. A versão que os leitores conhecem é uma reescritura que ela fez do diário original, omitindo passagens que achava desinteressantes e acrescentando outras de memória. A novidade agora é que há um público que interfere durante a própria criação da escrita.

Com a entrada concreta desse "público leitor", antes apenas sugerido no diário escrito no papel, cria-se uma dupla tensão. Por um lado, encontra-se a oportunidade de uma *mise-en-scène* de novos papéis que o diarista gostaria de desempenhar na vida real mas só consegue fazê-lo em sua existência virtual. Por outro, o anonimato garante a possibilidade de uma sinceridade nunca antes experimentada. É a oportunidade de contar as suas intimidades e defender suas opiniões sem precisar se mostrar. Sherry Turkle faz uma observação em relação aos MUDs que se aplica perfeitamente aos blogs: "Eles (os

MUDs) proporcionam mundos para uma interação anônima, onde cada pessoa pode, consoante lhe aprouver, desempenhar um papel o mais semelhante possível ou o mais diferente possível da sua identidade real."

Sem a revelação da identidade do autor, a credibilidade de quem escreve se vê abalada e a maior dúvida do leitor é: qual é o limite entre a realidade e a ficção nesse escrito íntimo virtual? É nesse ponto que observamos, por um lado, a influência do romance na paixão pela invenção narrativa, e, por outro, a do jornalismo, no interesse pela difusão dos fatos e pelo olhar crítico pessoal sobre eles. Muitos desses blogs ficam a meio caminho entre a realidade e a ficção, o jornalismo e o romance. E, embora pareça uma jornada solitária, o diário íntimo na internet, além de supor um público, faz com que este seja participativo. Os *e-mails* e os comentários são bem-vindos, e alguns até mesmo integrados no corpo do texto do blog como uma maneira de dialogar com o leitor. A escrita coletiva não está só nas intervenções do leitor, mas também nos blogs feitos por grupos de amigos ou até por grupos de pessoas que não se conhecem, mas que dividem a mesma área de interesse.

Aí está uma das principais diferenças entre o diário manuscrito e o diário na tela: o último cria ligações e catalisa a constituição de pequenas comunidades, de redes fundadas em torno de afinidades pessoais. As fronteiras entre "autor" e "leitor" são cada vez menores, as funções se misturam, a linha divisória entre o público e o privado se enfraquece.

AS QUESTÕES SOBRE A PRIVACIDADE ADAPTADAS AOS BLOGS

Aqui serão discutidas algumas questões fundamentais relativas à privacidade. A natureza intrínseca ao diário era a do espaço íntimo, mas, ao entrar no espaço da internet, gera-se uma situação paradoxal. De alguma forma, essa situação já existia no diário íntimo tradicional, mas se agravou na passagem para a internet. A escrita do diário no papel já supunha a presença de um leitor, mesmo que ele fosse imaginário. A pergunta era: quem o autor gostaria que fosse esse leitor? Decididamente um leitor que não fizesse parte de sua vida privada.

A tensão criada com o diário escrito sobre o papel era dupla: se, por um lado, era fundamental que ele permanecesse no espaço privado, por outro, a maioria dos diaristas não escondia o desejo de tornar seus escritos públicos. Enquanto o diário estava restrito ao caderno, a integridade dos escritos íntimos se via ameaçada. E, sem dúvida, a ameaça vinha das pessoas de convívio mais próximo, naturalmente a família, que poderia ter acesso indevido a eles. Surgia a noção de que a vida privada poderia ser violada no espaço privado. Alguém poderia entrar no "jardim secreto" do autor sem a sua permissão? Se isso acontecesse, o autor teria recursos para afastar o curioso?

Por outro lado, muitos autores almejavam a publicação do diário, mas não queriam mostrar a cara para o seu público. E foi com o objetivo de tornar o escrito íntimo palatável em linguagem e em assunto que muitos autores aproximaram em muitos pontos os seus diários da ficção. Se a vida não era tão interessante, ela poderia ser reinventada, mesmo que fosse para um leitor imaginário. No livro de artigos de Philippe Lejeune, *Pour l'autobiographie*, ele escreve sobre Amélie Weiler, uma mulher que viveu no século XIX e que escreveu um diário que, curiosamente, sobreviveu ao tempo. O caso de Amélie é interessante já que ela teve uma dedicação de escritora ao seu diário.

O resultado é um texto com a qualidade de um romance. Uma espécie de romance que analisa profundamente os sentimentos de uma jovem, ao mesmo tempo que esboça uma pintura da cidade onde ela vive, de uma determinada classe social e de uma época. Lejeune explica que, mesmo sendo confidencial, o diário de Amélie Weiler foi feito para ser descoberto por outra pessoa. "Ela pensava em um leitor. Ela pensava em nós. E o que ela não ousa dizer se deixa facilmente adivinhar."

Esse desejo de ser lido, que foi durante muito tempo velado, se revela com a escrita íntima na internet. No entanto, é uma escrita íntima criada em novos termos, que não supõe um envolvimento pessoal com o público leitor, que vê o estranho como um aliado menos perigoso. O principal problema de se expor é que as conseqüências dependem do público com o qual se está lidando. A princípio existem dois tipos de público: o de próximos e o de desconhecidos. O diário íntimo é o "lugar" em que o autor pode mostrar a sua faceta escondida ou outras tantas pouco desenvolvidas.

Revelar essas facetas pode ser um desejo real, mas que não é mais forte do que a vontade de ser aceito, amado. Como se expor sem o risco da rejeição direta? A resposta estava num público de desconhecidos, sem envolver os próximos. E a única possibilidade de fazer isso foi, durante muito tempo, a publicação com o uso de um pseudônimo e, atualmente, a publicação na rede. "Que sonho este público de desconhecidos! A três quilômetros da nossa casa, ninguém nos conhece mais. Criamos uma nova família, amizades, uma intimidade sob medida", diz Lejeune.

É essa "intimidade sob medida" que os diaristas virtuais buscam. As confissões são feitas, em rede, para desconhecidos. Mas a aproximação só é feita quando as afinidades aparecem.

O blogueiro que está exposto ao público recebe críticas, mas não precisa "conviver" (no sentido literal) com elas. Logo, a relutância no uso do computador para o escrito íntimo pelo seu tamanho, peso e "indiferença" aos humores do autor — o caderno, por sua vez, era um suporte muito mais personalizado e subjetivo — foi contra-atacada pelas facilidades trazidas pelo novo meio de comunicação. O computador permite uma "escuta terapêutica", ou seja, o leitor recebe seus *feedbacks*, mas com uma certa distância e depois de um certo espaço de tempo. Então, vencida a timidez diante da tela em branco (que durante muito tempo foi a da folha em branco) e dos meios técnicos, que no computador são muito evidentes, descobrem-se os porquês da escolha de um diário eletrônico. A neutralidade da tipografia permite ao diarista objetivar-se mais, escapar de si, olhar para si mesmo à distância. Para Philippe Lejeune:

> *"O computador constitui também uma tela, uma magra película entre nós e os outros, uma janela aberta, uma porta fechada ao mesmo tempo (é impossível para mim responder ao telefone enquanto escrevo), é toda uma vida suplementar, uma chance que nós nos damos para existir em outros tempos, uma maneira de se ganhar um suplemento de alma, o verbo vivo declinado no senso de desdobramento."*

A caligrafia, tão reveladora, é deixada de lado. A possibilidade de personalizar o diário através da *bricolage*, o uso da folha avulsa, as pétalas de rosa secas, as fotos e lembranças, as marcas escuras do envelhecimento do papel são trocadas pela tela ascética do computador. A defesa do terreno privado é mais fácil sem todos esses sinais expostos.

No entanto, o número cada vez maior de blogs disputa um público que precisa ser atraído. E a principal arma com que se pode contar, fora os recursos técnicos dominados por poucos, é a própria linguagem. Daí a procura de novas saídas expressivas usando apenas o teclado e a imaginação: as maiúsculas e minúsculas, a acentuação, a profusão de onomatopéias e as tradicionais carinhas ☺, que dão uma certa percepção visual do estado de espírito de quem está do outro lado da tela.

A pergunta essencial que todo aspirante a blogueiro se faz é por que motivo a sua vida íntima de todos os dias interessaria a outras pessoas que não a ele mesmo? E a resposta principal que se espera diz respeito, na maioria das vezes, ao *voyeurismo*. Não que o *voyeurismo* não exista, mas ele é uma conseqüência de um fenômeno mais importante que é o da identificação. É possível que os diaristas virtuais busquem no outro um espelho. A formação de uma sociabilidade virtual baseada nos pontos que os blogueiros e os leitores descobrem ter em comum. Um *voyeurismo* proveniente da solidão e de uma vida em que as regras imperam até no âmbito pessoal, a qual precisa de uma fuga para o terreno virtual para aumentar os limites de seu espaço privado. É a gastronomia dos olhos de Balzac que volta à cena, mas desta vez de um ponto de vista diferente. Uma observação feita no mundo virtual, sem o envolvimento físico e com todas as desconfianças que o contato à distância pode gerar.

Seria um exibicionismo? Não, provavelmente é mais um fruto do desenvolvimento do individualismo. Um individualismo quase narcísico que faz com que o diarista pense no outro como uma platéia para a sua vida. Na maior parte das vezes, a ilusão de se dirigir ao outro é apenas um pretexto para falar apenas de si. Em alguns casos, numa relação paradoxal com o público em que o conflito interno entre o querer/não querer ser visto se torna aparente.

É um exibicionismo tímido, mas que, no fundo, tem o objetivo de tornar público mais do que a vida, idéias privadas que nunca teriam difusão ou platéia que não por meio da internet. Exprimir-se com liberdade e para o público, tentar convencê-lo e seduzi-lo são benefícios que o diário tradicional não podia proporcionar diretamente ao seu autor. Quando se apresentou essa possibilidade de um público desconhecido, o autor começou a selecionar o que escrever de íntimo e de não-íntimo, o que mostrar para o público e o que guardar em seu "jardim-privado".

CAPÍTULO II A escrita do segredo

O que o blog possibilita é a cumplicidade com um público novo, de pessoas desconhecidas que têm sentimentos e segredos parecidos com os do diarista, mas que ele nunca conheceria se não se expusesse pela internet. Primeiro porque teria a dificuldade do constrangimento das relações face a face, depois pelo medo de não ser aceito.

Do ponto de vista do leitor, o diarismo virtual traz a possibilidade de se comunicar com o diarista. Através da troca de idéias feita por *e-mail* e da correspondência feita por meio dos *posts*, pela primeira vez lhe é permitido se colocar, dar a sua opinião e se aproximar de quem está escrevendo. E, a partir do momento em que o diarista responde, se estabelece aí a relação de cumplicidade. O leitor se sente escolhido, eleito para a função de confidente, nada mais prodigioso.

Neste capítulo, o livro *Notas do subterrâneo*, de Dostoievski, vai ser usado para explicar como se faz um laboratório de um diário íntimo. É nesse livro que o escritor faz uma análise de como se escreve um diário íntimo e dos sentimentos de quem o escreve. São os altos e baixos, as dificuldades e as facilidades e todo o distanciamento que a escrita e o papel nos propõem e, ao mesmo tempo, o medo de que essas confissões sejam descobertas. São todos os sentimentos do autor em relação ao leitor e o seu eterno medo de que o outro penetre em seu "jardim secreto". Um medo que ultrapassa a mera reclusão do segredo e que é maior em relação à opinião do outro sobre o que está sendo revelado. O que será que esse outro vai pensar? Se ele recrimina, o escritor se afasta. Mas se ele se confessa tão parecido quanto o diarista, então cria-se aí a cumplicidade, a aceitação. Num diário íntimo na internet, a cumplicidade não se estabelece entre dois indivíduos, mas entre várias pessoas que formam uma confraria, um grupo enorme de gostos semelhantes com um segredo em comum: o segredo de todos.

DOSTOIEVSKI — NOTAS PERFEITAS DE UM HOMEM IMPERFEITO

> *"Entre as lembranças que cada um de nós traz consigo, algumas há que só contamos aos amigos. Outras, nem aos amigos revelaríamos, mas apenas a nós mesmos e ainda assim em segredo. Finalmente, há outras coisas que o homem tem medo de contar até a si mesmo, e cada homem honesto conserva bom número dessas lembranças guardadas em sua mente."*
> (Dostoievski, 1998, p. 54)

A afirmação é do solitário e rabugento protagonista do romance *Notas do subterrâneo*, de Fiodor Dostoievski. Durante 40 anos, esse homem vive no submundo de São Petersburgo, num pequeno apartamento, com um velho criado que ele acredita que não o respeita. Cansado, doente e amargo, a ponto de sofrer do fígado, ele se dispõe a escrever as memórias de uma vida não muito cheia de glórias, mas que, como todas as outras, tem os seus segredos.

Em tom confessional, esse narrador se propõe a contar com o máximo de fidelidade possível os acontecimentos de sua trajetória e seus mais sinceros pensamentos em relação a si e aos outros. Em *Notas do subterrâneo*, Dostoievski dá uma aula ficcional de como se deve escrever um escrito íntimo. É uma descrição da melhor maneira de se fazer um diário — um diário em cima de outro diário (um metadiário). É como se o autor quisesse, mas não pudesse, dizer todas aquelas coisas, e então finalmente encontrasse a saída através da ficção e de uma personagem.

Ao lermos *Notas do subterrâneo* nos fazemos as seguintes perguntas: poderia realmente existir alguém como este homem? Afinal, quem teria coragem de reconhecer, mesmo que para si mesmo, que é doente, despeitado e desagradável? Se, por um lado, o leitor acha que esse personagem não existe, por outro ele observa que, muitas vezes, o personagem se confunde com o autor. Outras tantas, com o próprio leitor. Quem já não se sentiu superior às pessoas que o rodeiam mas não tem coragem de reconhecer isso? O leitor se vê refletido na personagem de Dostoievski e, mais do que isso, no próprio escritor, que teve a sensibilidade de escrever sobre sentimentos e situações que pertencem a todos.

O personagem apresenta uma das maiores dificuldades para o leitor: o fato de se mostrar por inteiro, de entender e aceitar o que sente. Se isso já é complicado, que dirá verbalizar e escrever sobre o tema de maneira clara. A figura do narrador de *Notas do subterrâneo*, que oscila entre a grandeza e a miséria, a coragem e a covardia, a lucidez e o delírio, mostra um pouco do lado paradoxal de nossa própria existência. E Dostoievski conseguiu colocar todas essas contradições no papel de uma maneira forte o suficiente para que as fronteiras entre realidade e ficção, entre autor e narrador, ficassem cada vez mais tênues para o leitor.

A questão que confunde o leitor durante todo o livro é: onde termina a ficção e onde começa a realidade? Ou, que parcela de pensamentos pertence ao protagonista e que parte deles pode ser atribuída ao autor? Em uma nota no princípio do livro, Dostoievski alerta: "Tanto o autor dessas notas como as próprias notas são, evidentemente, fictícios." No entanto ele reconhece que pessoas como o narrador não só podem ter existido como ainda existem na sociedade se forem levadas em consideração as circunstâncias nas quais ela se formou.

Dostoievski deixa em aberto a ambigüidade entre a história concreta de um eu real, que remete ao próprio autor, e a sua recriação metafórica na invenção ficcional. Além de encontrar traços de semelhança entre os pensamentos do autor e os do narrador, num terceiro nível o leitor pode reconhecer a si próprio no texto de *Notas do subterrâneo*. Isso é um indício de que aquelas angústias, depreciações, humilhações e contradições, mesmo tendo acontecido numa São Petersburgo do século XIX e sendo fruto da imaginação do escritor, são as mesmas que continuam acompanhando o leitor contemporâneo. "Procurei expor à vista do público, mais nitidamente que de costume, um dos personagens do passado recente. É um dos representantes de uma geração que ainda vive", explicou Dostoievski. Esse personagem é um exemplo dos gigantes "filhos da fabulação" que Deleuze reconhece como sendo obra dos grandes escritores.

A Deleuze pouco importa se os personagens são medíocres ou não. De repente, eles se tornam gigantes, como Bouvard e Pécuchet, Bloom e Molly, Mercier e Camier, sem deixar de ser o que são. "É por força da mediocridade, mesmo de besteira ou de infâmia, que podem tornar-se não simples (jamais são simples), mas gigantescos. Mesmo os anões ou os inválidos podem fazê-lo: toda fabulação é fabricação de gigantes. Medíocres ou grandiosos, seus personagens são demasiadamente vivos para serem vivíveis ou vividos."

É isso que o escritor russo mostra com o seu narrador. Lá está um homem em sua medíocre vidinha de funcionário público, com todas as angústias e as questões de um "gigante", mesmo que as coloque com extrema simplicidade. Seria possível viver com o mesmo nível de sinceridade que vive esse personagem? Dostoievski não responde, mas ensaia através da ficção uma possível resposta.

Segundo Deleuze, o romancista monumental se inspira na experiência do vivido e, muitas vezes, vai além dela. Talvez seja por isso que o leitor se veja tão facilmente refletido nas realizações, dificuldades e reflexões dos personagens clássicos e, no caso de *Notas do subterrâneo*, nesse ácido narrador. São reflexões que não se aplicam apenas ao conjunto de questões de uma época, mas que têm um valor universal, visceral. A identificação do leitor tem origem histórica na confusão entre os relatos íntimos e o romance, mas se dá também porque vivemos (ou gostaríamos de viver) nossas vidas como se fossem romances, enquanto, por outro lado, tentamos encontrar na literatura modelos para elas.

O que se elucida no início do capítulo é que um diário em que tudo se fala, com sinceridade e exposição absolutas, é impossível até para quem se propõe a escrevê-lo da maneira mais sincera possível. Um dos principais motivos disso é o segredo. O mistério que se cria em torno do diarista deve-se ao fato de que ele se vê impedido de revelar determinadas coisas de sua própria vida, já que, muitas vezes, não tem conhecimento suficiente delas. E Dostoievski impressiona pela análise da questão do mistério e do segredo através de sua personagem.

Os motivos para se guardar um segredo são os mais variados possíveis: o tabu, a vontade própria ou ainda uma conveniente falta de memória para os assuntos que são mais dolorosos de lembrar e que, por isso, ficam guardados num lugar aparentemente inacessível no cérebro. O segredo é aquilo que não pode ser revelado, o que há de mais recôndito na pessoa humana: é o sigilo, o silêncio, a discrição, mas pode ser também a confidência, a confissão. Quando se quer realmente esconder um segredo, perde-se a coragem de contá-lo até para si mesmo.

O SEGREDO NO DIÁRIO ÍNTIMO

O diário funciona como um "guarda-memória" que evita que os segredos, guardados há tanto tempo, percam o sentido primordial que os gerou. Mais do que isso, ele reflete também as inquietações dos homens de uma época. Segundo A. Girard, em seu livro *Le journal intime*, "a mudança de valores que testemunha o diário íntimo do século XIX incide sobre a consciência que o indivíduo tem de seu eu. Na verdade, os diários íntimos, que aparecem em um momento preciso de tempo e se difundem segundo uma história que lhes é particular, oferecem nesta perspectiva o testemunho mais direto e menos convencional". Ele explica ainda que esses diários tornam possível a chance de apanhar como em estado puro a representação que os homens fazem de si mesmos, de seu eu no foro íntimo, e de suas inquietudes.

Isso porque o século XIX assistiu à culminância do processo de formação do caráter individual que começa, como explicado no capítulo anterior, propriamente na época do Iluminismo com a ascensão da classe burguesa, e continua no século seguinte com o desenvolvimento de um individualismo que beira o narcisismo. Individualismo esse que impulsionou, mais do que nunca, a valorização do escrito íntimo — um escrito, segundo Girard, mais sincero, gerado por um homem mais consciente de suas questões fundamentais.

O fato de se estar diante de uma folha de papel ou de uma tela de computador — na qual está subentendida a possibilidade de um público — confere mais "solenidade" a esse segredo (ou escrito íntimo), porque dessa maneira ele está submetido a alguma forma de registro. Mesmo quando está escrevendo apenas para si próprio, o diarista tem um compromisso consigo mesmo. A questão é: será que ele vai conseguir guardar aquele segredo para sempre? O desejo de revelar segredos tem se mostrado, em todas as épocas, o próprio impulsionador do escrito íntimo. Isso porque, se existe um registro por escrito, isso significa que o segredo já foi externado de alguma forma e pode vir a ser descoberto. Assim, a realização desse desejo se tornou possível com o surgimento da confissão em rede. Com a internet, sem a necessidade do envolvimento pessoal das relações face a face, as antigas dificuldades para essa revelação pública vão desaparecendo.

O diário "à moda antiga", por escrito, se caracteriza pelo "segredo de gaveta" e pela liberdade de estar sozinho em frente à folha em branco. Ao considerar o diário virtual, a primeira pergunta que se faz é: o que aconteceu com o segredo? É preciso, primeiramente, reconhecer que o blog surge como uma nova forma de escrita em que a qualificação "íntimo" (ou "secreto") não se aplica mais em seu sentido original. Esse paradoxo do íntimo aparece porque, em muitos casos, o caráter do que é escrito continua sendo o da revelação da intimidade, mas existe também a participação do público. Na rede, vários leitores podem se manifestar a respeito das angústias e dúvidas do diarista escrevendo *e-mails*, mandando cartas ou fazendo comentários.

No ambiente virtual, o diário íntimo sai da gaveta, do caderno fechado a chave, do antigo baú, para se abrir oficialmente a um público maior, agora com o anteparo da tela. No texto virtual, o caráter físico do segredo — a aparente exclusão de um leitor de fora através de uma fechadura que não se abre — deixa de existir em função de uma abertura para o Outro, um leitor desconhecido que aparecerá do outro lado da tela. O conceito clássico de secreto se desfaz e, em seu lugar, surgem outras formas de defesa do foro íntimo, assim como outras formas de fazer vir à tona aquilo que estava escondido.

Existem diferentes níveis de segredos: o blogueiro mostra ao "grande público" apenas a superfície do que é; para os amigos, cria códigos lingüísticos e de imagem que só eles conhecem. Quando se trata dos segredos mais íntimos, o blogueiro pode criar outros diários de acesso altamente restrito, ou até mesmo diários que só ele pode acessar por intermédio de uma senha.

Como explica Mongolo, um diarista francês que possui seu blog desde 1997, a coisa mais difícil para quem escreve é ser honesto. "Não é sempre evidente que consigamos refletir a realidade pura. Mesmo quando escrevemos para nós mesmos. O fato de alguém estar lendo não muda muita coisa." De fato, se já é difícil ser honesto consigo mesmo, as coisas se complicam ainda mais quando se está em rede. Isso nos faz repensar o papel da cumplicidade, da sinceridade e de outros conceitos ligados, de certa forma, à idéia de virtude e verdade. O escritor tem o direito de não querer dizer *tudo*, e o leitor pode escolher, através da navegação, o que quer ler.

O CONTRATO DE CUMPLICIDADE

Até aqui tratamos dos mecanismos usados pelo diarista para guardar o segredo e do diário como uma maneira de contá-lo, só que para si próprio. O diário escrito no papel funciona como um texto guardado em arquivo. É como aquele velho volume escondido em algum canto da biblioteca que apenas o bibliotecário sabe onde está. Em alguns momentos, ele consulta aquele arquivo, lê alguns trechos, lembra o quanto gosta deles e coloca-o de novo lá onde ninguém pode encontrá-lo. O diário implica um contrato de cumplicidade com seu autor: só "ele" sabe o que o diarista tem a dizer, e só o diarista sabe onde "ele" está. É um segredo guardado por ambos.

É um trato estranho de se fazer com uma folha de papel, com um caderno ou com uma agenda, mas é exatamente isso que os diaristas tradicionais fazem e é isso que lhes dá segurança. Esses segredos também podem ser compartilhados com pessoas mais próximas, mas para isso é preciso uma cumplicidade, uma intimidade que só pode existir depois de um certo tempo de convivência e de uma troca de segredos que garanta o silêncio do outro.

Em seu artigo sobre a origem da palavra segredo, A. Levy explica que ela vem do verbo latino *secerno*, que significa separar, discernir, ou seja, fazer uma escolha entre quem deve e quem não deve saber um segredo. *Cerno* significa joeirar, que na colheita dos cereais é o ato de separar o que serve ou não para comer. Cabe ao detentor desse segredo a dura tarefa de guardá-lo ou, na necessidade de revelá-lo, escolher a quem fazê-lo. Imediatamente, a revelação do segredo para uns implica a exclusão de outros. Aquele que escuta passa então a ser um cúmplice. "Conhecer um segredo é aceitar — ou sofrer — uma rede de cumplicidades", diz Levy.

O sentimento de cumplicidade não é tão simples. Supõe, antes de tudo, a sutileza. Uma leve troca de gestos, de olhares e de movimentos pode estabelecer o pacto de cumplicidade. A mera expressão de alguém que conhecemos bem já basta para entendermos que um determinado assunto não deve ser mencionado, que uma certa conversa aborrece e que alguma informação não pode e não deve ser revelada. É uma responsabilidade para quem escuta um segredo e um risco para quem o conta. Como saber se o outro vai manter silêncio?

A idéia que Philippe Lejeune tem do segredo é de que ele é fruto da cumplicidade gerada pelo amor ou pela amizade. Um objeto de um pacto tácito e recíproco entre as pessoas. O caráter do segredo se estabelece, principalmente, pela exclusão. Poucos devem compartilhá-lo, e a palavra guardar — no seu sentido literário de tomar cuidado, de esconder — se torna uma palavra de ordem quando se trata de cumplicidade. "O segredo pode ser uma delícia, ou um peso grande a carregar. Ele deve sobreviver à relação, se ela se quebra. Nós nos afastamos, nós nos deixamos, mas vamos nos trair?" Se às vezes nos traímos, diz Lejeune, isso escapa freqüentemente aos tribunais, mas não à jurisprudência do coração.

Cumplicidade, confiança e sinceridade são três valores que asseguram o funcionamento da estrutura do segredo compartilhado. É preciso ao menos testar esses três sentimentos para decidir contar algo íntimo a alguém. Quem não tem coragem suficiente guarda o íntimo para si mesmo, embora nunca possa garantir que ele jamais venha a escapar ao seu controle. Um diário há muito tempo fechado pode ser aberto com a morte do seu autor. Um calhamaço de cartas trocadas entre duas pessoas durante toda uma vida pode ser encontrado anos depois.

Para que o segredo fosse, então, devidamente guardado, a sociedade ocidental criou uma série de mecanismos para mantê-lo. Surgiram os confidentes menos próximos que, em vez de criarem uma relação de troca de segredos com o indivíduo, serviam apenas para ouvi-lo com a "obrigação" de serem discretos. Era uma maneira de estabelecer uma transição tênue entre o diário e a relação direta com as pessoas. Esses confidentes tinham, ao mesmo tempo, a aparência de uma pessoa e os deveres de uma instituição. O médico, o padre e o analista surgiram como pessoas-instituições obrigadas a guardar um "segredo profissional", isso porque se acreditava que os campos da saúde, da religião e da psicologia pertenciam ao foro íntimo, privado, do indivíduo.

O médico figurou, durante muitos anos, como um amigo pessoal da família. Freqüentava a casa, conhecia cada um dos parentes e suas doenças mais específicas, até os problemas de "cunho emocional". Na morte misteriosa de um doente, o segredo de família raramente deixava de ser partilhado com o médico. E a relação de confiança paciente/médico foi algo que continuou a crescer mesmo com o passar dos anos. A idéia de impessoalidade dos hospitais públicos, tão diferente do ambiente quase familiar das salas de espera dos consultórios particulares, mantém-se até hoje.

Tendo em vista o tamanho das equipes médicas, a difusão dos planos de saúde (que tornaram mais público o atendimento privado) e o número cada vez maior de assistentes, o atendimento pessoal do médico passou a ser ainda mais valorizado. A figura do médico de família não se dissolveu. Em algumas famílias tradicionais, ela permanece, e o código de ética da medicina ainda sustenta que o segredo profissional, do interesse dos pacientes, é uma obrigação imposta implicitamente aos médicos.

Discrição e cumplicidade sempre foram duas virtudes cobradas também da Igreja. "A confissão privada se tornou, pouco a pouco, uma regra — formalizada no Quarto Concílio de Latrão em 1925. Depois, um ponto não variou: o segredo da confissão é *absoluto*", explica Lejeune. Ou seja, quem o recebe tem a obrigação de guardá-lo.

Os padres, teoricamente, não podem compartilhar os segredos que escutam em confissão. A divulgação, sempre proibida, do segredo de confissão é intrinsecamente contrária ao sacramento da penitência, que tem como função apagar os pecados de quem confessa. A manutenção obrigatória da confissão é um dos exemplos de que o segredo é, muitas vezes, insuportável para quem o detém; a única maneira de encontrar alívio é contá-lo a alguém. Mas para isso é preciso garantir a discrição do interlocutor.

Assim como o médico de família, o padre de aldeia era aquela figura central a quem todos conheciam e que sabia o segredo de cada um, embora durante muito tempo a temência a Deus não permitisse a muitos fiéis confessar os seus "pecados" mais íntimos. A cumplicidade com o padre se dava menos por confiança e mais pela submissão e vergonha. Inicialmente, o confesso precisava mostrar seu rosto. Só depois, com o aparecimento do confessionário, móvel que começou a aparecer nas igrejas no século XVI, é que o simbolismo da discrição se desenvolveu. O móvel isolava o confessor e o confesso do resto do mundo e ainda separava os dois entre si. "O Ocidente cristão inventou essa espantosa coação, que impôs a toda a gente 'tudo dizer para tudo apagar', e formular até as mais ínfimas faltas num murmúrio ininterrupto, encarniçado, exaustivo, ao qual nada deveria escapar, mas que nem por um só instante deveria sobreviver a si próprio", diz Michel Foucault em *O que é o autor?*.

Foi através do cochicho obrigatório e fugidio de um homem que confessava seu próprio mal que se criou uma atmosfera de mistério que assegurava o distanciamento profissional da revelação do segredo. Ao padre restou a função de ouvinte, o aconselhamento e a imposição da penitência. A divulgação do segredo de confissão implicava (e ainda implica) o confessor ser excomungado.

Mais recentemente surgiu a figura do analista, que podemos considerar, entre os profissionais ligados ao segredo de seus interlocutores, o que está mais próximo de penetrar no íntimo do campo psicológico. Ao contrário da medicina, que supõe uma necessidade imediata, e da Igreja, que durante muito tempo teve a confissão como uma obrigação religiosa, a psicanálise é procurada, na maioria das vezes, por livre e espontânea vontade do paciente. A aparente "descontração" da análise faz com que o paciente escolha não revelar todas as coisas, mas elaborar outras tantas que jamais pensou confessar.

Embora os valores que comandem a escolha desses cúmplices sejam diferentes, a maior garantia de sigilo está na confissão religiosa: feita oralmente, ela não deixa traços. Tudo está na memória do padre: ele só precisa se calar, e esquecer. O silêncio é uma virtude do confessor. Ninguém jamais poderá afirmar que um padre recebeu uma confissão, enquanto o analista e, principalmente, o médico escrevem muito do que ouvem em forma de notas, dossiês e relatórios que futuramente podem vir a ser descobertos por outras pessoas. São metadiários, anotações em cima do pensamento dos outros. E que funcionam como instrumentos de registro, que deixam traços, marcas daquilo que foi confessado.

Quando o indivíduo perdia a fé e a garantia de que o confessor guardaria silêncio sobre os seus segredos, ele abria mão da partilha oral de informações e passava para a escrita. O papel, este, sim, é capaz de guardar segredos — como no caso específico do diário — ou de fazer a mediação entre quem escreve e aqueles para os quais gostaria de contá-los, sem o constrangimento do encontro face a face. Por isso a correspondência foi muitas vezes o veículo de comunicação dos relacionamentos amorosos.

Na escrita, o segredo se tornou um dos "motores" que impulsiona a biografia e a autobiografia. Um dos pré-requisitos fundamentais para qualquer aspirante a biógrafo é que tenha um grande segredo em mãos, mesmo que saiba que sua revelação poderá decepcionar o leitor. As tensões entre guardar e revelar são enormes. Em muitos casos, a ética se perde em função da curiosidade. Um exemplo disso é o caso do doutor Gubler, antigo médico de François Mitterrand que, em 1996, acabou sendo condenado a quatro meses de prisão. O motivo da sentença foi a violação do segredo profissional. Ele lançou o livro *Le grand secret* (O grande segredo) depois da morte de Mitterrand, mas sua distribuição foi interrompida por causa do julgamento realizado a pedido da família, que não autorizou a revelação dos segredos médicos.

No caso da autobiografia, se o escritor opta por revelar algum segredo, faz isso em função de uma aproximação com o leitor. Essa aproximação fará com que ele pareça mais humano aos olhos de quem lê. É uma identificação que se estabelece pela cumplicidade. É o momento em que leitor e autor se aproximam, que quem escreve chama aquele que lê para descobrir as suas mais frágeis características. Naquele momento de revelação do segredo através da escrita, o leitor se vê mais próximo do autor, sente-se como se tivesse sido escolhido para receber aquele segredo, e então o pacto de cumplicidade se faz.

A aproximação e a identificação fazem com que uns leiam, mesmo que ficticiamente, e outros escrevam sobre suas vidas. É como diz o narrador de *Notas do subterrâneo*: "Aliás, de que assunto um homem decente pode falar com maior prazer? Resposta: de si mesmo." Enquanto o autor fala de si mesmo — e acaba falando também de seus leitores —, ele tem motivos para escrever e o público para o ler. Se o autor souber como falar de si mesmo falando ao mesmo tempo dos outros, ele terá descoberto uma forma de aliar o seu prazer de escrever com o prazer de ler do público.

É essa curiosidade pela vida alheia e a aproximação da vida dos leitores com a dos diaristas que tem acelerado a difusão e a aceitação dos escritos íntimos na internet. Esse interesse tem se ampliado de tal modo que não é necessário que o diarista seja uma pessoa famosa na vida real para que consiga arrebanhar uma legião de leitores ou espectadores interessados em sua vida virtual. Basta que o diarista seja, em muitos pontos, parecido com seu público-leitor.[1] "Privacidade? Blogueiro não tem disso não. O desejo de saber da vida alheia é o que leva as pessoas do interior à janela, assim como às páginas da revista *Caras* (argh) e, na faixa jovem dos internautas, aos blogs. É aquela coisa do instinto gregário, só que agora virtual", explica Sérgio Faria, um dos principais blogueiros brasileiros, responsável pelo Catarro Verde, um blog que ultrapassa

---

[1] É necessário aqui mencionar os *realitys shows* que ultimamente têm sido difundidos tão amplamente na televisão. O interesse pela vida de pessoas famosas, ou de pessoas comuns que se tornaram famosas num curto período de tempo, tem aumentado cada vez mais. Na televisão brasileira, três programas merecem destaque dentro dessa categoria: *No limite* e *Big Brother Brasil*, da Rede Globo, e *Casa dos Artistas*, do SBT. A mistura de ficção com realidade e o desempenho de papéis se tornaram fatores importantes para o sucesso desses programas.

o conceito de diário pessoal — impregnando-se de uma função jornalística —, embora não o abandone.

Os motivos da curiosidade que leva o público a acessar cada vez mais os blogs e que faz a "comunidade de blogueiros" estar sempre conectada são das mais diferentes ordens. Existe a curiosidade pura e simples, o hábito diário de "fazer a ronda" nas páginas prediletas, a necessidade de encontrar amigos ou pessoas que se pareçam emocionalmente conosco, de estabelecer uma cumplicidade, de descobrir que outras tantas pessoas partilham de uma mesma questão ou problema. Tudo isso faz com que o leitor e também o diarista — que desta vez recebe o *feedback* dos leitores — não se sintam tão diferentes um do outro e estejam assim mais à vontade para a troca de segredos.

É comum que os blogueiros estabeleçam dentro de suas páginas *links* para outras páginas que gostam de visitar. No canto esquerdo ou direito, figura uma lista com os blogs preferidos e mais lidos pelo autor da página. Também é comum existirem, dentro do texto, alguns *links* e comentários sobre outros blogs. Isso faz com que o leitor que estiver acompanhando o texto freqüentemente possa traçar o caminho pelo qual passou o seu autor. O grupo de *links* funciona como um fio de Ariadne que conduz o visitante pelos caminhos labirínticos percorridos pelo autor do blog, e isso já garante que a dupla autor/leitor estabeleça uma cumplicidade.

Esse exercício de aproximação entre o autor e o leitor funciona como um estímulo para a leitura diária, característica que só é possível graças à alimentação freqüente por meio de *posts* (comentários curtos). O paulista José Roberto explica que só teve a idéia de começar a escrever seu próprio blog porque "acompanhava outros blogs diariamente, como uma novela". A possibilidade de renovação e a criatividade da escrita (que, mais uma vez, aproximam o romance da realidade) levam José Roberto a fazer essa comparação com a novela, não só pelo estilo romanesco como pela continuidade — a espera do público pelo que virá no momento seguinte. O leitor se torna um cúmplice na vida daquele "autor-personagem" e passa a acompanhar as dores, lutas e mudanças dessa vida.

Philippe Lejeune, que desenvolve há muito tempo uma pesquisa sobre os escritos íntimos, criou uma instituição chamada APA (*Association Pour l'Autobiographie*), cujo objetivo é apenas ler — sem qualquer finalidade de avaliação — e guardar a maior quantidade de escritos íntimos possível. Pela quantidade de "trabalhos" que a APA recebe, pode-se observar que a necessidade dos autores de escritos íntimos de criarem uma memória e de serem lidos, mesmo que por estranhos, é enorme. Lejeune, que participa das leituras de muitos desses textos, destaca que o seu principal interesse em ler tantos escritos é, mais do que curiosidade, "uma extrema necessidade de conhecer um pouco mais sobre o ser humano".

Conhecer mais do outro e estabelecer com ele uma cumplicidade podem ser o segundo passo para um leitor que começou apenas por curiosidade. O vocabulário da internet — janelas, *links,* visitas etc. — já é um indício de como funciona essa curiosidade. O navegante da rede costuma abrir várias "janelas" para observação de *sites* diferentes em paralelo; como no filme *Janela indiscreta*, de Hitchcock, podem-se observar várias vidas, ou vários blogs, ao mesmo tempo. Quando "entramos" em um blog estamos "visitando-o", e quando nos conectamos estamos traçando "caminhos" pela rede. Nesse labirinto, cabe ao autor da página pessoal revelar ou esconder cada vez mais seus segredos por meio de senhas de acesso ou por *links* que não podem ser abertos. São armadilhas que dificultam o acesso ao centro do labirinto. É dessa forma que ele determina o quanto o leitor pode entrar em seu "jardim secreto", o que pode ser revelado e o que deve permanecer confidencial. O autor estabelece assim, através da tecnologia criptográfica das senhas, até onde deve ir a cumplicidade com um desconhecido.

UMA REDE DE SEGREDOS

A saída para muitos blogueiros que querem manter um estilo mais pessoal e expor suas opiniões com liberdade, sem restringir o acesso a elas, é a criação de um outro (ou de outros) blog(s). Durante muito tempo, Charles Pilger manteve um blog ligado à sua profissão (informática) no *site* www.desembucha.com, que abrigava, até 2001, mais de 4 mil diários. "Era um blog específico sobre informática, bem *nerd*", explica. Com o fim do "desembucha" e as críticas que recebia dos colegas de trabalho em relação ao seu último blog, Charles mudou de opinião: "Eu tenho um outro blog, que criei de forma anônima para poder me preservar profissionalmente. Infelizmente, tem gente no meu trabalho que não concorda com o que eu colocava no blog anterior. Mantenho esse outro sem divulgá-lo, para meu uso particular." Isso mostra que a cumplicidade e a revelação de algum desejo ou segredo pessoal não precisam necessariamente ser feitas para pessoas que conhecemos.

Um exemplo disso é a estudante Winnie, de 22 anos, que mantém o seu diário pessoal e um segundo blog, mais leve e engraçado, que escreve com Wilson, um amigo que conheceu pela internet mas que nunca viu pessoalmente. No novo blog, ela usa a identidade de Lucíola, uma garota desinibida, capaz de discutir com Wilson — que na verdade mal conhece — os percalços da relação homem/mulher. "Realmente, a maioria dos meus amigos nem desconfia que eu escrevo num blog. Alguns sabem, mas eu não dou o endereço. Outros sabem, mas não têm paciência para ler. E eu prefiro que continue assim, sem que as pessoas saibam", explica. O paradoxo na situação de Winnie/Lucíola é o fato de ela preferir compartilhar pensamentos mais íntimos sobre a relação homem/mulher com um "estranho" que conheceu na internet e com um público de desconhecidos a dividi-los com os seus próprios amigos.

A engenheira Flávia Cintra fez o movimento contrário. Durante muito tempo manteve uma página pessoal que se chamava Give me Light. E apesar de todo o sucesso que o blog fazia, ela preferiu encerrá-lo e começar um outro, o BR-153, que tem acesso restrito apenas aos amigos. "Parei de escrevê-lo (Give me Light) e criei esse novo blog para ter menos pessoas desconhecidas lendo. Pedi para ninguém *linkar* e coloquei uma linha de comando no *template* para evitar que ele apareça nos mecanismos de busca, tipo Google, Yahoo e Altavista." Com a restrição do espaço virtual para um número pequeno de amigos, ela reduziu o universo e o número de leitores, preferindo defender melhor o seu espaço privado e contar seus segredos apenas para gente conhecida.

Um dos motivos pelos quais Flávia Cintra abandonou o seu antigo blog para começar a escrever um novo é que ela queria limitar os seus leitores. A sua primeira seleção foi feita através do segredo do endereço, revelado apenas aos "amigos de rede". Depois ela proibiu os *links* em outros blogs e, para terminar, bloqueou os mecanismos de busca que pudessem "rastrear" seu novo blog. Mesmo com uma platéia restrita, Flávia seleciona ainda quem deve ou não ter acesso a determinada informação: "Escrevo coisas pessoais, pra contar pros meus amigos que lêem o que tem acontecido comigo, e coloco também curiosidades, notícias."

Uma das perguntas que fazemos é como Flávia fez essa seleção de amigos. O grupo de "amigos" que ela escolheu inclui gente que nunca conheceu pessoalmente e gente que ela só veio a conhecer na vida real por causa da internet. Esse grupo se formou através de leituras on-line e de *chats* de discussão sobre o escritor Mário Prata. O gosto pela mesma literatura foi o que impulsionou a amizade on-line. Essa prática é normal na internet: as pessoas descobrem um interesse em comum e a partir dele observam outras afinidades, da mesma forma como se dá o princípio da amizade nas relações face a face.

Os Anjos de Prata têm um *site* (www.anjosdeprata.com.br) em que figuram *links* de todos os blogs dos componentes do grupo. A aldeia global da visão de McLuhan se vê dividida em pequenos grupos, grupos que se agregam em torno de interesses em comum. Esses aglomerados, formados na internet a partir da rede de *chats*, blogs e MUDs, reproduzem a antiga tradição da formação de grupos pela afinidade, e ainda "proporcionam mundos para uma interação social anônima", como define Sherry Turkle. A estratificação da sociedade no mundo criada pela experiência individual se reproduz no mundo virtual.

O segredo absoluto sempre ficou restrito ao próprio indivíduo. Mas o segredo pertencente aos grupos também sempre existiu, esse segredo partilhado que é uma maneira de estabelecer uma comunicação entre os "iniciados".

"*Partilhar um segredo, quer sejam respeitáveis membros de clubes vitorianos, maçons, movimentos terroristas, seitas religiosas, bandos de vagabundos ou grupos de homossexuais, é escapar do inferno da solidão. Pois a posse do segredo é gratificante: ela funda uma comunidade que vive na expectativa temerosa, mas excitante, do vazamento."* (Vincent, 2001, p. 183)

Esses termos da formação de grupos hoje, na internet, remontam a uma época que já foi vivida historicamente: a do surgimento dos clubes, em meados do século XVIII. Foram eles que permitiram à burguesia criar diferenças específicas entre a linguagem íntima e o discurso público. Os integrantes do clube se encontravam nas tabernas e albergues, longe dos cafés que requeriam um contato direto com o público. Para entrar de sócio o indivíduo teria que ser aceito pelos outros. E, embora os agrupamentos da internet sejam mais democráticos, supõem também uma divisão por áreas de interesse que é, claramente, fruto do nível cultural de seus participantes.

Linkados entre si, mesmo que distantes fisicamente, esses grupos formam também uma rede de segredos. É comum que, como toda rede, possua nós de interseção de interesses, que geralmente são os blogs mais antigos, respeitados e referenciais — como o Catarro Verde, por exemplo, que figura na lista de favoritos na maioria dos diários íntimos. Essa rede de blogs é como uma cidade do interior de tamanho monumental. Cada blog tem a sua rede de correspondentes, e os autores dos blogs se lêem entre si. Philippe Lejeune classifica essa troca como um campo de amizade "não unicamente de relações duais, mas com um espírito de grupo, uma solidariedade". Que só aparece por causa da cumplicidade que existe dentro desse grupo.

São relações desdobradas entre o autor e o leitor. A internet permite que essas posições muitas vezes sejam trocadas. O leitor de um diário íntimo virtual pode ser também o autor de um diário que será lido por outros. Num grupo de blogueiros com os mesmos interesses se estabelece uma espécie de confraria em que uns sempre visitam os blogs dos outros e fazem comentários diários sobre eles. É uma rede onde os segredos, comuns ou não, circulam. Como explica Stella Cavalcanti, uma das entrevistadas na pesquisa de campo: "O blog funciona como aquela rodinha de amigas e amigos, onde todo mundo conversa, fala besteiras, dá risada e tem seus momentos de reflexão. Não o chamaria de terapia de grupo porque é informal, é como se estivéssemos numa mesa de bar tomando chope ou fôssemos apenas um grupo se reunindo em casa para ver um filme e comer pipoca."

É um grupo que tem uma relação entre si e que, por isso, exclui, separa (como na origem da palavra segredo) as outras pessoas. São esses códigos de grupo que se encarregam de excluir os leitores comuns que, por não pertencerem a essa confraria, a cada tentativa de aprofundamento encontram várias portas se fechando. Quando entramos no blog de Flávia Cintra é possível até conhecer as suas manias mais íntimas.

> *"Manias*
> *Só durmo de bruços, com edredom ou cobertor, independente de estar fazendo frio ou não, com os pés descobertos.*
> *Ando descalça dentro de casa e tiro os sapatos quando estou sozinha na minha sala e dentro do cinema.*
> *Escovo os dentes debaixo do chuveiro.*
> *Durmo com a televisão ligada.*
> *Fecho os olhos quando o avião decola e só sento na poltrona do corredor.*
> *Uso sempre o mesmo esmalte.*
> *Presto atenção na conversa dos outros.*
> *Fico arrepiada quando acabo de almoçar.*
> *Só uso despertador quando preciso acordar muito cedo.*
> *Anoto todos os gastos que eu tenho durante uma viagem.*

> *Assisto televisão mudando os canais sem parar.*
> *Nunca saio do cinema antes do filme terminar, por pior que ele seja.*
> *Bebo água em jejum.*
> *Não carrego bagagem de mão.*
> *Sempre levo um casaco ou blusa de frio quando saio de casa.*
> *Tomo banho ouvindo música.*
> *Não saio de casa domingo depois de escurecer.*
> *Não ouço recados da secretária eletrônica do celular.*
> *Molho o pão no leite.*
> *Pago compras à vista e pergunto aos vendedores se tem desconto.*
> *Não consigo dormir usando brinco, anel, pulseira ou colar.*
> *Aceno, sorrio e passo a mão na cabeça das crianças que encontro na rua."*

Ao grupo de amigos para o qual divulgou esse blog, Flávia é capaz de confessar essas coisas. Uso o tema manias como exemplo porque constituem um assunto muito pessoal do qual muitas pessoas têm vergonha de falar. As pessoas podem se identificar com muitas dessas manias, observá-las como se fossem suas, como se elas mesmas tivessem escrito aquele texto. No entanto Flávia escreve "também recadinhos cifrados, que só algumas pessoas entendem", como explica. Ou seja, alguns amigos dentro do grupo são escolhidos para a partilha de determinados segredos, e os recados cifrados funcionam como o clássico cochicho ao pé do ouvido.

O sociólogo Erving Goffman, um dos seguidores da idéia *theatrum mundi* (o mundo como um teatro), utiliza os símbolos e o vocabulário dramatúrgico para construir o sistema de conceitos que usa para estudar a sociedade e as interações cotidianas. Para ele, cada homem representa literalmente um papel dependendo do grupo social em que está inserido. Então, quando se cria um novo grupo, ou uma classe, os membros pertencentes a esse grupo tendem a se envolver em rotinas particulares e acabam excluindo os outros. A rede de segredos e confissões que se forma em um grupo de diaristas virtuais é, de uma maneira ou de outra, uma forma de excluir dele pessoas que não pertencem à mesma classe ou que não dividem os mesmos interesses do grupo. As rotinas particulares e a linguagem específica aproximam os membros dessa rede e afastam os outros.

O blog, principalmente o de acesso restrito, também é uma maneira de manter um determinado grupo virtual informado sobre a vida pessoal de cada participante. Algumas vezes, quando se cria o hábito da leitura diária, o blogueiro dispensa o *e-mail* e passa a falar com os amigos através da página da *web*. Os recados cifrados — do tipo "Vamos combinar de sair depois?", "Depois eu te conto(...)" ou "Quanto àquela conversa, a resposta é sim"[2] — são comuns nos blogs e isolam o "leitor de fora" dos eventuais segredos do grupo. A cumplicidade física, da troca de olhares, do segredo ao pé do ouvido, se instala virtualmente. Só que, desta vez, de forma bem menos discreta, já que está sendo exposta textualmente na rede. Agora ela aguça a curiosidade do leitor.

O paradoxo do convite à leitura e das portas que se fecham para guardar os espaços de intimidade mostra os movimentos de atração e repulsão que ocorrem entre os diaristas virtuais e o seu público. "O engraçado é que esses diaristas virtuais fatalmente se conhecem, eles são um punhado (...) tudo

---

[2]Alguns exemplos: "Carol, vamos combinar de sair depois?" (Flávia Cintra). "Fica pra próxima, Túlio ☹" (Flávia Cintra). "Bia! Vamos marcar aquela parada! Pisc*"(www.blowg.blogspot.com). "(...) vimos *O xangô de Baker Street*, na praça (me lembrei de você Mari)". (www.blowg.blogspot.com).

gira em torno de uma quinzena de pessoas, só eles podem compreender as alusões e o que está em jogo, nós nos sentimos excluídos de suas histórias", explica Lejeune em *"Cher écran..."*. Ao mesmo tempo que existe um grupo de leitores com o qual aquele diarista convive virtualmente, existe o leitor que "vem de fora" e que muitas vezes se sente excluído, não-pertencente ao grupo, como se não pudesse fazer parte daquela rede secreta que estabelece a cumplicidade entre os membros do grupo.

É claro que nem tudo é desvantagem para esse leitor que, a princípio, se sente como um mero observador das questões alheias: ele pode tentar participar e interferir no blog através de *e-mails* e de comentários. Ao contrário do diário manuscrito e confidencial, o diário virtual cria uma certa ligação entre o autor e o público. Ele catalisa a formação de pequenas comunidades fundadas sobre as afinidades pessoais das quais o leitor atento e fiel pode vir a tomar parte. A partir daí, a fronteira entre autores e leitores se torna móvel e permeável, ao contrário do que acontece na maioria dos meios de comunicação. A blogueira Marina gosta eventualmente de publicar o *feedback* dos seus leitores sobre os mais diversos comentários que faz e mostrar como os pequenos hábitos do dia-a-dia criam uma certa cumplicidade entre as pessoas:

"*Correspondência eletrônica*
Tem umas coisas que você escreve que poderia ter sido eu. Sempre são as mais prosaicas, mas é tão, tão igual que eu senti vontade de te contar.

Beijos,
Bia

A propósito, desta vez foi o pão com manteiga molhado no café com leite."

O simples hábito de molhar o pão com manteiga no café possibilita a identificação do leitor com quem escreve, criando assim uma relação de cumplicidade através do hábito. Quando questionado sobre as vantagens de se ter um blog, José Roberto explica que "uma das grandes vantagens é o fato de você poder expressar sua opinião livremente e colocar diversos assuntos para debate, além de encontrar muitas pessoas que se identificam com o seu modo de pensar e de ver o mundo". A aproximação começa com a afinidade, depois vai crescendo com a leitura diária que, com a atualização freqüente do blog, pode acabar se tornando uma leitura ininterrupta, um hábito. O leitor compartilha, cada vez mais, seu tempo com o diarista. Philippe Lejeune descreve o retrato típico do leitor: "Primeiro ele explora ao acaso, faz sua pesquisa de mercado, depois rapidamente ele se fixa em quatro ou cinco queridinhos que passa a acompanhar, então toda noite ele procura onde eles estão." É como o antigo hábito de retornarmos a casa e escutarmos ao redor da mesa de jantar o que as pessoas que vivem conosco fizeram durante o dia.

A QUEM CONTAR SEGREDOS?

Esse novo cúmplice, de quem o diarista mantém uma distância física, mas com quem estabelece ao mesmo tempo uma relação virtual próxima, é uma das contribuições mais interessantes da internet. Depois de passar tanto tempo tentando estabelecer o seu espaço privado e a sua reclusão em relação aos outros, o indivíduo começou a sentir uma enorme solidão. Desdobrou então o seu mundo para uma outra esfera que, embora virtual, possibilitava relações com pessoas reais, relações essas que geravam, muitas vezes, uma enorme aproximação entre indivíduos que não se conheciam pessoalmente.

Uma das mais interessantes questões geradas pelo advento da escrita íntima na internet é: para quem contar nossos segredos? A princípio, a maioria das pessoas que escrevem um diário íntimo virtual se sente mais apta a dividir suas inquietações com "estranhos". A confiança no leitor desconhecido é estabelecida, como já foi visto, pelos pontos em comum entre ele e o diarista e pela segurança de não conhecê-lo em "carne e osso". Existe uma aproximação virtual que se dá pelas afinidades, mas também uma distância real que se dá pela falta de contato físico.

É justificável que, na cultura atual, a internet venha a retomar a confiança no interlocutor desconhecido. E embora na vida real continue mantendo o afastamento do estranho, no campo virtual a aproximação acontece apoiada na segurança da distância. O sociólogo Richard Sennett define o estranho dentro de uma cidade grande como "aquele forasteiro que surge na paisagem onde as pessoas têm a percepção suficiente de suas próprias identidades". Ora, se as relações na internet são um terreno fértil para o ensaio de uma identidade fragmentada, e se ninguém tem certeza de quem o Outro realmente é, esse "forasteiro" de quem fala Sennett pode facilmente se integrar a um determinado grupo ou aproximar-se de outro sem que, no entanto, seja detectado. As regras que determinam quem se enquadra ou não em um determinado grupo são mais fluidas e mais propensas a serem ultrapassadas, e por isso os grupos se interpenetram. Os pontos de referência para a diferenciação entre os indivíduos — cor da pele, formato dos olhos, sotaque e hábitos — desaparecem no campo virtual porque falta o olhar que os julga.

A blogueira Winnie é capaz de escrever abertamente quase todos os dias sobre a relação homem/mulher num blog que criou com um amigo que conheceu pela internet. A maioria dos seus amigos no "mundo real" não conhece o endereço desse blog. Ela prefere assim. Winnie não vê problema nenhum quanto a contar seus segredos e intimidades na rede. No entanto, afirma que algumas das coisas que conta ali não revela para os amigos. Segundo ela, o excesso de comprometimento que tem com os amigos é o principal motivo pelo qual prefere se abrir com os seus leitores: "eles (os leitores) não me devem nada, nem eu a eles". Sua afirmação sugere que, quando não existe nenhum envolvimento pessoal, a liberdade de discurso aumenta.

QUANDO O ESTRANHO É O MAIS PRÓXIMO

As armadilhas criadas pelo diarista para evitar a invasão do estranho ao seu espaço privado foram tantas que ele não pensou na possibilidade da intrusão de pessoas do seu próprio convívio nesse espaço privado. Teoricamente, não é proibida por lei a leitura do escrito íntimo no espaço privado. Ou seja, se quiserem, os pais, a amiga que divide o quarto, o marido ou a mulher do diarista "podem" adquirir a senha, o endereço da página na internet, ou a chave do cadeado, e lerem o diário íntimo. No entanto, existe uma espécie de "acordo moral e ético" entre as pessoas que vivem no mesmo espaço de que um escrito íntimo é por natureza destinado a ter um caráter secreto, e que por isso deve ser respeitado pelos outros.

É essa natureza do escrito íntimo que torna desleal a sua leitura ou apreensão, mesmo que às escondidas. Tal violação seria uma maneira encontrada por aqueles que se sentem excluídos de um segredo de forçar uma cumplicidade, de invadir e desrespeitar a zona secreta do outro. Segundo o francês Alain Bénabent, especialista em direito de família, na intimidade individual certos espaços devem, particularmente, permanecer na sombra; o diário íntimo é um deles, faz parte desses círculos interditados. A miséria do cotidiano e o mal de viver não podem ser agravados pelo medo de que alguém venha a pegar os cadernos (ou escritos) que os contam. Então, é claro que essa "zona de reserva" deve ser defendida e respeitada com discrição.

Dentro de uma casa, como num acordo tácito, a cada pessoa é reservado um determinado espaço para sua expressão secreta, e o princípio que governa a crença de que esse espaço não pode ser ultrapassado é unicamente a confiança. As demarcações do limite desse território sempre existiram. No diário manuscrito havia a gaveta, o armário, o cofre, o cadeado do diário que fecha o objeto em si mesmo, até os símbolos de advertência da expressão "não leia" nas páginas. No computador existem as senhas, mas durante o processo de escrita a tela permanece aberta para um ou outro curioso.

Esses espaços íntimos vão sendo demarcados pouco a pouco. Um casal que decide morar junto passa a viver sob um certo "contrato de união" estabelecido através do casamento religioso, civil ou de uma união livre, mas um "contrato de ética" sobre os espaços íntimos só será estabelecido depois de morarem sob o mesmo teto por algum tempo. O próprio casal estabelece suas zonas de divisão e suas zonas de reserva. Philippe Lejeune, em seu livro *Pour l'autobiographie*, lembra que Tolstoi, no fim de sua vida, mantinha dois diários íntimos. Um falso, que ele deixava para sua esposa ler. E um verdadeiro, que ele escondia.

Embora isso seja curioso, mostra como é estritamente necessário que o indivíduo tenha privacidade e como se sofre quando esta é violada, mesmo que pelas pessoas mais próximas. Uma das coisas mais comuns dentro das famílias é a invasão dos pais ao universo pessoal dos filhos. A construção da individualidade filial começa em geral com um "grande salto" — na adolescência, o momento em que o jovem da família burguesa deixa de dividir o quarto com os irmãos para ter seu próprio espaço dentro da casa. A partir daí, sua relação com os pais se dá pelo respeito deles pelo seu espaço individual. O principal argumento dos pais para a violação desse espaço é que muitos erros, ou até catástrofes, já foram impedidos pela leitura dos diários íntimos de seus filhos.

Quando o diário passa do papel para a internet as dificuldades, por um lado, diminuem. É possível escrever um blog pessoal durante muito tempo sem que ninguém da família definitivamente descubra. Por outro lado, as dificuldades de "produção" são maiores. A página precisa ser alimentada várias vezes ao dia, e para isso é preciso manter uma tela brilhante aberta em casa ou no trabalho, o que já é um sinônimo de indiscrição — será que vamos conseguir salvar e fechar a tela se alguém estranho entrar? A leitura por cima do ombro pode ser inevitável.

Existe, porém, uma contrapartida. Se por um lado o diarista tem medo de que aqueles com os quais convive invadam seu espaço privado através da leitura de seus textos íntimos, por outro ele também precisa tomar cuidado para não expor a privacidade dessas mesmas pessoas quando falar de si. O diário eventualmente poderá conter uma série de informações, muitas vezes íntimas, sobre as pessoas com as quais o autor vive. Como já foi dito, o segredo é uma partilha que supõe dois lados: o nosso e o daqueles para quem revelamos nossos segredos. A autobiografia, o escrito e o diário íntimo são por natureza um atentado à vida privada dos outros. "Existe alguma autobiografia na qual o autor fale a verdade somente a respeito de si mesmo?", se pergunta Philippe Lejeune em *Pour l'autobiographie*. É bastante difícil. Quando nos confessamos, confessamos também os segredos das pessoas que dividem intimamente nossas vidas e acabamos por expor um pouco da vida delas também.

A questão fica mais complicada quando os blogs entram em pauta. O risco é o de que as pessoas mais próximas ao diarista virtual venham a descobrir, por via pública, os pensamentos íntimos que este tem em relação a eles. A exposição brusca daquilo que de mais íntimo se divide com o diarista é uma das piores maneiras de ver violado o "pacto de segredo" e, conseqüentemente, de cumplicidade estabelecido entre o diarista e aqueles com os quais convive. Na verdade, a difusão pela internet do diário íntimo implica algumas questões relativas à vida compartilhada. A primeira delas é referente à sinceridade. É possível ser sincero sem exprimir julgamentos sobre os outros?

As estratégias usadas pelos blogueiros para se desvencilharem dessa situação são as mais diferentes possíveis. A primeira delas e também a mais comum é o uso da autocensura. Através da repressão de suas idéias e pensamentos, os diaristas preservam a privacidade das pessoas que vivem em torno deles, relegando a segundo plano uma das características principais do diário íntimo: a de se exprimir com maior liberdade.

Muitos diaristas virtuais optam por criar um blog mais jornalístico, com suas opiniões, críticas e pontos de vista, tentando se afastar ao máximo do terreno pessoal. Jorge Montesano, um dos blogueiros entrevistados, explica que tenta fazer um blog pouco pessoal. Nas raras vezes em que usa o espaço para comentar sobre sua vida, não dá muitos detalhes. "Se alguém se interessa e manda um *e-mail*, eu respondo na boa. Agora, quem tem como foco a vida pessoal (aqueles blogs do tipo 'Querido diário...') tem que saber levar, porque dá o direito a quem lê o blog de tirar suas conclusões e de perguntar o que for."

Desde o momento em que o diário entra na rede e, principalmente, passa a ter leitores, é difícil que as pessoas, por meio de *e-mails*, não comecem a perguntar, a comentar, a tirar dúvidas e a dar sugestões na vida pessoal de quem escreve. Numa reportagem realizada pela revista *Domingo* do *Jornal do Brasil*, o fotógrafo Matias Maxx, autor do blog Djangobroder (www.cucaracha.com.br/blogZ), uma espécie de diário de bordo de suas viagens, mostra como o fato de ter revelado alguns de seus segredos acabou transformando-o em uma espécie de celebridade do mundo digital. Ele usa o blog para contar todas as viagens que realiza. "Sempre que eu volto de viagem minha secretária fica lotada de gente comentando as minhas aventuras antes mesmo de eu ligar avisando que cheguei."

Outros diaristas esquecem a necessidade de se esconder e optam exatamente pelo caminho oposto: o da superexposição.[3] O blog Delícias Cremosas (www.deliciascremosas.blogspot.com) reúne um grupo de 13 mulheres — do Rio de Janeiro, Recife, Porto Alegre e São Paulo — que contam as suas mais profundas intimidades, conquistas e aventuras sexuais em rede. O compromisso delas com o leitor é o de comentar um pouco de tudo no campo íntimo/sexual, desde as últimas confidências até os fetiches, o comportamento na cama e os constrangimentos em

---

[3] "O chato desses diários virtuais é que a gente não pode falar das outras pessoas porque aí elas podem ler. E fica superchato (...), mas, enfim, eu quero que se danem (...), mesmo porque isso não deixa de ser um diário pessoal e eu falo mal também das pessoas no meu diário porque ele é *meu*", explica uma diarista em seu blog Monólogos do Quati, descoberto pelo colunista Marcelo Coelho, da *Folha de S. Paulo,* em uma das suas navegações pela rede.

motéis. O nome dos namorados ou, como elas costumam chamar, *pretês* (corruptela de pretendentes), é divulgado e o nome delas também. Cada *post* — mensagem colocada na rede — vai com o nome de quem o escreveu e existe também um espaço para comentários e *e-mails* de cada um dos membros do blog. "O Delícias foi o primeiro blog a comentar assuntos desse tipo (sexuais). A gente mostra a cara, não se esconde atrás de apelidos. Até agora não tivemos nenhum problema sério por causa disso", conta Lia, uma das participantes cariocas do blog.

O erotismo, o exibicionismo, a intimidade escancarada, impudica, ou mesmo a intimidade *naïve* dos problemas amorosos das mulheres fizeram aflorar no espaço público e unissex da internet um discurso íntimo feminino. Um discurso que passa das páginas das revistas femininas para o diário íntimo exposto em rede. A blogueira Fran tem uma página na internet em que discute os problemas da mulher — as mudanças no corpo, a incompreensão dos homens, as brigas com os namorados. Numa entrevista a Philippe Lejeune em *"Cher écran..."*, ela diz: "Isso me deixa chateada, toda hora eu recebia um *e-mail* de alguém que me dizia que antes de contar meus problemas na internet eu faria melhor de os contar ao meu namorado. (...) É de amigos então que eu preciso, não de um namorado, porque eu conto tudo a ele e isso não me é suficiente."[4]

---

[4] Já Isabelle, que mora em Quebec, responsável por Accès Interdit, já revelou tanto sobre si mesma que pensou em terminar sua página e começar uma outra usando um pseudônimo. No entanto, continuou com o mesmo blog e, em vez de suprimir os trechos que achava muito comprometedores, manteve-os. Não tem medo, por exemplo, de falar abertamente de uma infecção vaginal que atrapalha seu universo sexual durante alguns dias e ainda pedir receitas aos seus leitores para aplacá-la. A liberdade de escrita de Isabelle vem de sua proposição, um pouco *naïve*, de que a leitura do diário de alguém é a porta de entrada para sua alma. "Eu preciso tanto que esse diário seja para mim um lugar onde apaziguar meus sofrimentos e dizer bem alto o que eu penso baixo (...)."

Embora os homens se mostrem cada vez mais capazes de difundir sua intimidade na rede, o pioneirismo nesse quesito ainda pertence às mulheres. Mais sensíveis e voltadas para a vida íntima, elas exploram um pouco mais as experiências pessoais, enquanto a maioria dos homens que escrevem blogs opta por um estilo mais informativo. O que não significa que essa situação inicial não possa ser mudada. A crença de que as mulheres sempre foram mais voltadas para os escritos íntimos é cada vez mais diluída pela observação dos diários e da correspondência masculinos difundidos no século XIX. A afirmação de Béatrice Didier de que o diário, assim como a correspondência, foi durante muito tempo um refúgio para a criatividade feminina, privada de outros modos de expressão literária, acabou sendo contrariada por Philippe Lejeune em *Le moi de demoiselles* (1993).

Lejeune mostra que a prática do diário não foi de maneira alguma exclusiva ao sexo feminino, já que os primeiros diários de que se têm notícia são de homens. A verdade é que, a princípio, o século XIX parecia ser o mais pródigo no gênero. A idéia de que a vida daquele século era permeada por sentimentos de angústia, de estar à deriva, e de desencanto foi o que levou a se pensar que o escrito íntimo era uma característica dele. A manutenção de um diário como uma maneira de lidar com a vida era um recurso extremamente apropriado àquelas mulheres do século XIX e ao ritmo lento de suas vidas.

A explosão dos escritos íntimos na internet mostra que o gênero está se desenvolvendo cada vez mais no nosso século, no qual as senhoritas do século retrasado — que mal falavam do seu próprio corpo e que usavam o diário como um inocente confidente de suas queixas e alegrias — se transformaram em mulheres ousadas que escancaram sua privacidade na rede. Isso gera uma enorme intimidade com um interlocutor estranho, intimidade esta que, em alguns casos, se estabelece com tamanha rapidez que nem as pessoas mais próximas ao diarista têm a oportunidade de assistir.

O PSEUDÔNIMO NA REDE

A maneira que muitos diaristas virtuais encontram de aumentar a intimidade com o leitor e de se preservar ao mesmo tempo é o uso do pseudônimo. Na rede, é comum que o pseudônimo seja uma espécie de apelido, uma redução do nome ou apenas o uso das iniciais, o que serve para destacar uma das facetas do eu. É claro que, em certos casos, o pseudônimo manteve a antiga noção romântica difundida pelos escritores, contistas e jornalistas até o início do século XX. O princípio era criar um novo nome — não o nome de um personagem, mas sim de uma pessoa real que se serve dele para publicar parte dos seus escritos. O pseudônimo não deixa de ser um segundo nome para o mesmo autor. Os motivos para seu emprego são os mais variados: a discrição, o desejo de desenvolver uma nova faceta da personalidade, ou para dar ao autor novas oportunidades de escrever com outros discursos, sem o "selo nominal" que tanto o personaliza.

Para o diarista virtual, a mudança de nome significa não só a defesa de si mesmo, mas a criação de um *alter ego* — alguém "mais importante" que pode colocar suas opiniões em rede para a apreciação alheia. "O pseudônimo é simplesmente uma diferenciação, um desdobramento do nome que não muda em nada a identidade", explica Lejeune. Assim, para o blogueiro, o uso do pseudônimo vai, em última escala, facilitar o desdobramento, o não-envolvimento e, sobretudo, a distância irônica, fatores que permitirão a ele fazer seus comentários mais livremente. Mas a identidade geradora nunca vai mudar. Por mais que se crie uma nova maneira de pensar para acompanhar um novo nome, essa maneira sempre será um reflexo do próprio escritor.

O uso do pseudônimo foi a melhor maneira que o diarista virtual encontrou de não impor a si mesmo a autocensura, embora essa não seja uma regra absoluta. A verdade é que é muito difícil que um indivíduo possa escrever francamente quando corre o risco, ainda que pequeno, de ser descoberto pelas pessoas que o conhecem na "vida real" ou pela sua família. Com a mudança de nome, é como se ele virasse uma outra pessoa que está aberta a falar de si mesma. Mas como falar de si mesmo sem mencionar os outros que nos rodeiam? O jovem Gabriel Mayr explica que a principal estratégia que adotou em seus diários por saber que estão sendo lidos foi não usar o nome das pessoas sobre as quais está falando. "Algumas vezes não dou nome aos bois..."

Usar as iniciais dos nomes, colocar apelidos ou fazer menções indiretas são algumas maneiras de escrever sobre os outros com mais liberdade. Na maioria dos casos, mudar o nome da "vítima" não é a melhor solução já que o contexto pode dar a entender a identidade dela. Às vezes, a ligação entre nomes e acontecimentos acaba tornando facilmente identificáveis as pessoas envolvidas neles.

Além da proteção das pessoas que o cercam, o pseudônimo garante a preservação do autor. Ele permite escrever, pelo menos durante algum tempo, com uma certa liberdade (ninguém garante que o autor um dia não venha a ser descoberto). Escondido atrás de seu pseudônimo, longe de sua própria autocensura, o autor descobre a(s) outra(s) pessoa(s) que podia ser, e então sua personalidade se desdobra. Essa espécie de anonimato traz para esse autor uma série de benefícios: o primeiro deles é que o escritor se vê, de repente, sem a bagagem habitual do seu passado. Os leitores não sabem, a princípio, o que o diarista fez de bom ou de ruim antes, de modo que o julgamento que fazem dele é baseado apenas no que lêem num texto com assuntos selecionados pelo próprio autor. O segundo é que o pseudônimo torna possível escrever coisas que jamais seriam ditas se os leitores soubessem o nome do escritor. Não necessariamente coisas ruins ou indiscrições sobre outras pessoas, mas revelações sobre o próprio autor.

O anonimato permite ao diarista livrar-se dos arrependimentos e investir nos aprofundamentos que quiser. Ele faz com que os curto-circuitos entre o diário e a vida pessoal sejam evitados. Fábio Fernandes, jornalista que também mantém um blog, explica por que é muito mais fácil para os diaristas virtuais exporem suas vidas. "Nada a perder. Exceto tudo. Aqui na rede a gente faz uma espécie de distribuição do pão em uma comunhão virtual (...) porque estamos protegidos. E brincamos dentro de nossas bolhas de sabão. As mais recentes — e mais frágeis — são justamente os blogs." De alguma forma, a censura não é praticada porque, mesmo que exista uma comunidade em que todos se conhecem, essa comunidade é virtual e garante a distância física, portanto, o segredo.

No entanto, o fato de se estar distanciado fisicamente não é uma garantia de anonimato. Pode ser que assegure um anonimato na "vida real", mas não na "vida virtual". O maior problema do pseudônimo é que, ao fim de algum tempo, ele pode se tornar alguém de verdade. Uma pessoa que traz consigo as mesmas dúvidas e contradições das quais o diarista tentou, durante muito tempo, se desembaraçar. O diarista virtual Mongolo, que participou dos estudos de Philippe Lejeune, acredita que seu anonimato acabou. Mongolo, que não sabemos até que ponto é um personagem, é um estudante de informática francês que vive há quatro anos numa universidade na Escócia. Desde 1997, ele mantinha por *e-mail* uma correspondência diária com o seu melhor amigo, Fred. Depois de algum tempo, resolveu tornar pública essa correspondência através de uma página na internet que, pouco a pouco, foi virando a crônica de sua vida cotidiana. O seu blog existe até hoje e conta um número razoável de leitores.

É claro que poucos sabem que Mongolo, um nome muito peculiar, é na verdade aquele estudante francês, mas o fato é que seu pseudônimo ganhou uma identidade tão forte que passou a ter vida própria na rede. "Estou me tornando um novo ser que se chamaria Mongolo, não uma pessoa verdadeiramente (...), mas uma entidade mais ou menos virtual que monologa na internet. Há tantos anos que eu uso este nome que ele agora faz verdadeiramente parte de mim." De fato, com o uso desse pseudônimo, surgiu uma nova entidade (identidade) que tem, na internet, uma vida social complexa. Mongolo tem seus amigos virtuais, discute coisas importantes com eles, marca encontros e conhece pessoas que, no fundo, são reais; de modo que a liberdade e o descompromisso que aquele estudante gostaria de ter foram suplantados por essa nova identidade.

A rede de relações criada pela internet faz com que cada um desses "pseudônimos" ocupe um papel na sociedade virtual. Todos os blogs terminam por formar um grande *chat*, uma rede de conversações formada por diaristas que se conhecem virtualmente entre si. Se alguém comete um erro muito grande ou peca por superexposição da própria vida, pode começar tudo de novo com uma nova página e um novo pseudônimo.

A REVELAÇÃO

Então, o que é que mantém propriamente a expectativa do segredo no diário íntimo virtual? Antes de mais nada, é o suspense que se cria diante da revelação de quem pode ser o autor. O pseudônimo, a rede de segredos que se forma entre um grupo de eleitos, o revelar-se uma hora e esconder-se em outra, tudo isso contribui para a manutenção desse segredo. É através do tom da sua escrita, e apenas se esse tom for entendido como verdadeiro, que o diarista vai conquistar um público-alvo e, paralelamente, torná-lo cúmplice de seus atos. Esse público é formado por aquele número de pessoas que, antes de abrir a geladeira ao chegar do trabalho, ligam o computador para poder acompanhar aquele pequeno fragmento de vida com a sensação romanesca de estar seguindo os capítulos de uma novela.

Para esses leitores, o clímax do segredo é o momento mesmo de sua revelação. Uma revelação que, na grande literatura, está por trás do pseudônimo ou no descortinamento do anonimato, mas que entre os numerosos autores desconhecidos da internet está na sua capacidade de surpreender. Já que o leitor pretende encontrar no diarista um pouco de si mesmo, é no momento que o blogueiro externa tudo o que o leitor gostaria de dizer que consegue surpreendê-lo. E surpreende porque traz à tona um discurso que permanecia guardado por ambos, mas que um deles foi capaz de dizer.

Um dos aspectos que regem a expectativa em relação ao desvendamento do segredo é a identidade do autor. Se o autor é alguém conhecido, a revelação tem um peso diferente do que teria no caso de um autor anônimo, mesmo que ele não tenha outro segredo senão o de sua própria genialidade. Neste caso, o autor desconhecido está em desvantagem, e por isso a melhor maneira que tem de prender o leitor é revelando-se a si mesmo, mostrando-se bastante parecido com esse leitor. Então não é o grande segredo, mas sim os pequenos, os segredos do dia-a-dia, que irão aproximar os dois. São as manias parecidas, o mesmo gosto musical ou o simples fato de molhar o pão no leite.

O filósofo Clément Rosset conta em seu livro *Loin de moi* uma história sobre a expectativa do segredo revelado. A história demonstra como, na tentativa de buscar a "identidade pessoal" de alguém — uma contrapartida de sua "identidade social" —, muitas vezes não chegamos efetivamente à descoberta da intimidade psicológica dessa pessoa. O caso em questão é o de um filho de um tipógrafo que, após a morte do pai, encontra um envelope lacrado com a inscrição "Não abrir" na caligrafia paterna.

Ele controla sua curiosidade, respeita o segredo paternal e passa seis anos sem abrir o envelope. Até que decide violar o segredo do pai e abri-lo. O que se revela é um conjunto de etiquetas com a inscrição "Não abrir", a mesma que existia no envelope. Ou seja, "o pai haveria apenas assinado um estoque onde se encontrava a repetição de uma fórmula banal destinada a sua clientela", explica Rosset. Isso mostra que a espera e a expectativa em relação ao segredo de alguém que conhecemos podem tornar esse segredo bastante banal. No entanto, quando se trata de um autor desconhecido, o segredo mais simples pode gerar a aproximação do leitor e pode ser surpreendente.

Para o blogueiro, o anonimato e o declínio das relações face a face encorajam as revelações no ambiente virtual. O diarista francês que escreve o blog Le Cyber Coming-Out, um dos entrevistados na pesquisa de Philippe Lejeune em *"Cher écran..."*, decidiu usar seu diário público para revelar-se *gay*. "Você acabou de assistir à minha primeira revelação. Evidentemente, eu não sei se tem muito valor, já que ela não se dirige a ninguém... E eu não me imagino capaz de fazer a mesma coisa oralmente, me dirigindo a alguém", diz. O distanciamento físico encoraja a revelação do segredo: falar com alguém do outro lado da tela pode ser mais fácil do que conversar com alguém próximo. Até porque o ciberespaço possibilita a formação de comunidades virtuais em que o diarista pode dialogar com pessoas de várias partes do mundo que pensam da mesma forma que ele. Com algumas dessas pessoas ele pode até estabelecer relações bastante íntimas sem nunca ter de se encontrar fisicamente com elas.

O maior medo do rapaz *gay* era o de que alguém conhecido descobrisse o seu segredo. Mas a revelação a distância pode ser também uma forma de se manter um segredo para as pessoas próximas. É possível ao blogueiro trabalhar com pessoas que conhecem e acessam o seu blog, sabem de sua vida privada por via virtual, mas não ousam comentá-la no dia-a-dia. Essas pessoas dividem com ele segredos íntimos que não contam aos outros, e por isso são seus cúmplices diretos. Cria-se uma nova forma de cumplicidade, baseada na confiança no desconhecido. A blogueira Cristiane Camargo, que escreve no Delícias Cremosas, sabe que seu próprio chefe acessa todos os dias o seu blog, lê sobre suas intimidades sexuais e "nunca falou nada de mim no ambiente de trabalho".

O estranho emerge como aquele que está ao lado do diarista, no mesmo ambiente. Vivemos numa sociedade que criou os estranhos mais próximos de que se tem notícia. Mas a distância física — refletida no individualismo, no computador pessoal ou nas baias de escritório — pode levar a uma aproximação virtual. Por trás de cada mundo individual está se criando uma rede que conecta misteriosamente essas pessoas e seus segredos.

CAPÍTULO III A construção de uma memória virtual

Se o leitor é o novo responsável por guardar os segredos do diarista, é ele também que vai funcionar como um agente de manutenção da memória do autor. A propagação dos escritos do diarista pela rede de leitores guarda os atos dele na memória coletiva, pelo menos momentaneamente. No entanto, quem pode garantir que cada nota íntima (*post*), com a velocidade que a internet imprime ao escrito, será lembrada sequer pelo próprio diarista? O computador tem uma imensa capacidade de memória artificial, mas é esta mesma capacidade que faz com que a memória dos homens se torne preguiçosa.

Neste capítulo, procuro mostrar o processo de construção da memória, uma questão pertinente não só ao diário íntimo na internet, mas também questão primordial em qualquer escrito íntimo. Em muitos casos, o que impulsiona alguém a começar a escrever um diário é a necessidade de "guardar" na memória um determinado sentimento, momento ou fase de vida. O diário serve para registrar sensações e situações que o autor acredita que nunca mais voltarão a acontecer. Ele funciona como um arquivo ao qual o diarista pode retornar sempre que quiser se lembrar de sua situação de vida num determinado momento, do quanto amadureceu ou retrocedeu em sua maneira de ser e de como suas decisões e seu modo de pensar mudaram.

O diário manuscrito foi então, durante muito tempo, esse "caderno de memórias", responsável pelo registro da maneira de pensar do autor numa determinada época de sua vida. Uma memória pessoal que requer do autor uma releitura e uma reavaliação posteriores. Era preciso voltar a esse caderno, um dia, alguns meses ou anos depois, e rever tudo o que tinha se passado, fazer uma avaliação da vida. Quando esse "caderno" deixa de ser apenas um escrito íntimo para se tornar a cartografia de uma classe, de uma época, ou de um país, então ele passa a ser uma memória interessante não somente para o próprio autor, mas também para o grupo de pessoas que pertencia a essa classe, época ou país. Uma memória quase pública, coletiva mesmo.

Dessa forma, volta-se aqui ao problema examinado no segundo capítulo: como é possível saber se um escrito de caráter pessoal contém um testemunho verídico da história e daquilo que se passou com o seu autor? Como já foi observado, a escrita íntima possui, e sempre possuiu, um certo caráter ficcional, gerando por isso essa dúvida no leitor. Para ilustrar a mistura de realidade e ficção, nada melhor do que lembrar aqui do caso do senador Packwood, acusado de assédio sexual. Durante o seu inquérito, um diário íntimo que ele escrevera durante anos foi apresentado como prova. O senador foi obrigado a expor seu diário, e lá estava a confirmação de que Packwood havia praticado o assédio sexual regularmente.

Além da controvérsia quanto à admissão do diário do senador como prova suficiente para incriminá-lo, ficou ainda outra dúvida fundamental: será que tudo o que ali estava escrito era verdade? Um diário pode ser uma tentativa, por parte do autor, de manter uma imagem de alguém que na verdade não é, e por isso está muito próximo de ser inverídico. Como explica o psicanalista Contardo Calligaris: "É fácil que Packwood quisesse, em seu diário, compor uma imagem, por exemplo, de grande malandro." Como então confiar na "memória" e, por conseqüência, no testemunho de um documento que poderia ser falso?

A verdade é que, num escrito íntimo, existem gradações entre a sinceridade absoluta e a mais pura ficção: pequenas mentiras, falhas de memória, lembranças entrecortadas. Esses fatores não comprometem totalmente a veracidade dos fatos, mas influenciam-na fortemente. Todas as "dificuldades" de permanência da memória que acontecem no nível cerebral continuam presentes na hora de escrever. A diferença é que, quando alguém escreve, principalmente para um público, tenta preencher as lacunas, completar os fatos, explicar as experiências e, assim, muitas vezes, acaba interferindo nelas.

Este capítulo começa explicando por que a memória é tão importante nos dias atuais. Como ela está cada vez mais fragmentada e quais as "defesas" e maneiras que o indivíduo contemporâneo encontra para mantê-la. Um desses mecanismos é a escrita íntima, só que agora essa escrita se apresenta de uma nova forma: feita por computador e obedecendo a prazos de esquecimento que parecem cada vez mais acelerados. Será que, então, esse diário íntimo virtual vai poder atender às necessidades de memória de cada indivíduo?

Para responder a essa pergunta, estabeleço aqui uma comparação entre o processo de construção da memória no diário íntimo no papel e sua contrapartida no diário íntimo virtual. A caligrafia, a *bricolage* e a permanência do texto original são alguns dos componentes que fazem com que o diário tradicional sirva como um condutor da memória. A tipografia, a padronização e a rapidez são o que fazem com que o diário virtual, ao contrário, não sirva como um registro perfeito da memória pessoal, embora possua uma capacidade infinita de memória artificial.

A partir dessa constatação, analisaremos alguns dos fatores que dificultam a memorização dos fatos pelo autor do diário íntimo virtual. Considerando-se que esse escrito virtual é criado para um público grande e desconhecido, e que, por isso, não gravita apenas na esfera íntima, surgem algumas situações novas. Três delas contribuem para a dificuldade de permanência de uma memória pessoal: a reflexão, a releitura e as alterações feitas posteriormente pelo diarista.

Embora o desejo de imortalidade — sempre presente e cada vez mais forte no homem — seja um dos fatores que estimulam o início da escrita de um diário íntimo, é muito difícil mantê-lo no espaço virtual do computador. Se, por um lado, o computador oferece a possibilidade de publicação e eternização do que se escreve, por outro ele dificulta a permanência desses escritos em virtude de seus dispositivos, quase sempre falhos, de memória.

Como não perder os textos que dançam na virtualidade? Como garantir que conseguiremos sempre salvar e arquivar essas informações? Como poderemos nos destacar e permanecer únicos em um espaço virtual onde todos possuem as mesmas possibilidades? Essas são perguntas importantes que os diaristas virtuais — especialmente aqueles que pretendem fazer do seu blog uma "memória viva" alimentada regularmente por eles e pelo público — se fazem.

UMA MEMÓRIA CADA VEZ MAIS EFÊMERA

"Eu me lembro, logo existo." Seria esta a leitura que o escritor Georges Perec faria da célebre frase de René Descartes. Sem lembranças não somos ninguém — a memória é nosso próprio ser, nossa fibra íntima. Marcel Proust achava que o trabalho da memória era o de construir fundações duráveis no meio das ondas. Talvez seja um trabalho realmente muito difícil. O fato é que, atualmente, temos a impressão de que cada dia vivido leva com ele lembranças irrecuperáveis. Que os indivíduos sofrem de uma amnésia crônica e têm a sensação de deixar de "existir", de deixar de ocupar seu lugar no mundo por causa disso.

É cada vez mais difícil construir fundações duráveis, porque o ritmo de informações recebidas e processadas diariamente é enorme, e a produção de memória a partir dessas informações é muito acelerada. O tipo de texto que o diário íntimo no computador permite criar, mais íntimo e informal, possibilita acompanhar de forma paralela o fluxo de memorização. Quando pensamos em guardar alguma informação, podemos imediatamente escrevê-la e guardá-la em arquivo ou colocá-la na internet, o que nos permite ter a sensação de controle sobre a memória.

Isso porque a memória é, por natureza, caprichosa. Montaigne se queixava dos paradoxos mnemônicos e dizia que quanto mais tentava consultar a memória, mais ela parecia "se embaçar", enquanto ao mesmo tempo se lembrava de tantas outras coisas inúteis.[1] A impressão que tinha era a de que a

---

[1] No princípio de seu livro *Memórias do cárcere*, Graciliano Ramos explica ao leitor como funciona a sua memória no processo criativo. "Não me agarram os métodos, nada me força a exames vagarosos. (...) Posso andar para a direita e para a esquerda como um vagabundo, deter-me em longas paragens, saltar passagens desprovidas de interesse, passear, correr, voltar a lugares conhecidos. Omitirei acontecimentos essenciais ou mencioná-los-ei de relance, como se os enxergasse pelos vidros pequenos de um binóculo; ampliarei insignificâncias, repeti-las-ei até cansar, se isto me parecer conveniente." (Ramos, 1953, p. 9)

memória não servia a ele e sim a si própria. As lembranças estavam sempre em movimento, movediças, e para organizá-las o homem precisava criar certos mecanismos, mesmo que artificiais como é caso dos arquivos por computador.

O ator Robert Guillermet é responsável pela criação da bela expressão guarda-memória, "um meio caminho entre o lembrete (ou ajudante-de-memória) e o guarda-comida, entre o armário e o bilhetinho. Miosótis ou *forget me not*. Fazer o nó no lenço", como define Philippe Lejeune em *Pour l'autobiographie*. Ou seja, um conjunto dos mecanismos que usamos para nos lembrar de alguma coisa. Lejeune observa que seu "guarda-memória" fica em Ambérieu-en-Burgey, na França, e é bastante ambicioso: chama-se Associação pela Autobiografia (*Association Pour l'Autobiographie*), ou APA. É uma grande biblioteca, criada em 1992, que guarda uma série de escritos autobiográficos de autores desconhecidos. A idéia não é editá-los, avaliá-los ou publicá-los, mas apenas lê-los, já que Lejeune acredita que essas pessoas gostariam que seus textos fossem lidos. O objetivo desses autores é que, através da leitura de seus escritos autobiográficos, suas vidas sejam guardadas de alguma forma na memória dos outros.

Ou seja, o "guarda-memória" é uma espécie de arquivo, ou melhor, um "mecanismo de busca" — para usar aqui uma expressão típica do meio da internet — que nos faz lembrar que é preciso consultar nosso arquivo pessoal para trazer determinada lembrança à tona. E arquivar, ou guardar memória, é uma das obsessões do homem contemporâneo. O escrito íntimo — e, dentro dele, a modalidade do diário — funciona também como um conjunto de arquivos de memória. Arquivos diários e íntimos, minuciosos e pessoais, que têm se tornado, com a recente transposição para a internet, um dos meios mais rápidos de armazenamento de memória pessoal: são *posts* diários (pílulas biográficas, comentários pessoais curtos típicos do blog) que podem ser escritos com poucos minutos de diferença.

Cada vez mais as pessoas estão preocupadas não apenas em lembrar as coisas mais importantes, mas em lembrar-se de tudo. E tudo com riqueza de detalhes. O resultado é que cada um possui um guarda-memória pessoal em seu computador. Um arquivo que inclui os textos armazenados no HD e em disquete e ainda os textos que se encontram na esfera virtual, nos arquivos do blog. Esses arquivos vão crescendo proporcionalmente à necessidade cada vez maior de cada indivíduo guardar *tudo*.

E por que essa necessidade? Alguns pensadores contemporâneos oferecem respostas para esta questão. Deleuze acredita que vivemos em um mundo cada vez mais caótico, difícil, e que por isso tentamos de qualquer maneira abrir um guarda-sol que nos "proteja" dessa desorganização. "Pedimos somente um pouco de ordem para nos proteger do caos. Nada é mais doloroso, mais angustiante do que um pensamento que escapa a si mesmo, idéias que fogem esboçadas, já corroídas pelo esquecimento ou precipitadas em outras que também não dominamos." Se não podemos dominar as idéias, então as guardamos, para depois tentarmos compreendê-las. E o computador funciona como um porta-arquivo poderoso nesse sentido.

Essa é a angústia do indivíduo. Uma memória em forma de mosaico, de quebra-cabeça, um labirinto onde ele sempre se perde. Então ele cria uma série de mecanismos de defesa, de maneiras de guardar esses fragmentos flutuantes logo suplantados por outros, novos. É uma luta para fixar o tempo presente, não mais o passado. Então, organizar, arquivar, guardar, catalogar as memórias são maneiras de abrir o guarda-sol que Deleuze considera o grande protetor do caos. São métodos que implementamos para garantir que os pensamentos façam sentido, tenham uma certa ordem; são pequenas regras — desde a regra de três até as associações de idéias — que nos orientam quando andamos nesse complicado labirinto mnemônico.

O computador, com seus mecanismos técnicos de organização, ajuda a guardar e a organizar esses arquivos. No HD é possível dividir os escritos por assunto, criar arquivos pessoais e separá-los em pastas. No texto virtual dos *sites* já é possível, através de mecanismos de busca, procurar textos por assunto, autor ou data. O blog ainda permanece um arquivo mal organizado porque permite escrever textos sobre vários assuntos e armazená-los, mas não oferece ainda ao autor e ao leitor a possibilidade de procurá-los, já que o programa até agora não desenvolveu um mecanismo de busca e de organização.

No entanto, essa memória artificial não garante ao indivíduo a possibilidade de exercitar sua própria memória. A dificuldade que ele tem de memorizar a quantidade enorme de informações recebidas é tanta que, muitas vezes, ele se sente como o personagem principal do filme *Memento*,[2] Leonard

---

[2] O filme *Memento*, de Cristopher Nolan, passou no Brasil pela primeira vez na Mostra de Cinema Independente de São Paulo. As questões que os críticos levantaram em relação ao filme eram quase todas relativas ao roteiro, mas, além da construção da narrativa, *Memento* impressionava por levantar questões relativas à memória. A memória humana como um instrumento fragmentário, falho, labiríntico aparecia no drama do personagem principal, Leonard Shelby, que, após um acidente, perdera a memória recente. Desconfiado de si mesmo, Leonard não acreditava no que lembrava, só no que escrevia em seu dia-a-dia. O filme acaba mostrando que tanto a memória cerebral quanto a escrita (que o personagem avidamente catalogava em blocos e fotos de Polaroid) não eram perfeitas, ambas estavam sujeitas a falhas.

Shelby — um homem que se esforça terrivelmente para lembrar o que aconteceu no dia anterior, algumas horas ou alguns minutos antes. Leonard sofre de perda da memória recente desde um acidente que sofreu quando viu a mulher morrer. O personagem é incapaz de criar novas memórias e cada pessoa que conhece, cada fato que acontece é como se fosse novo para ele. Para compensar a falta de memória, ele se empenha em escrever tudo, nos mínimos detalhes, e em registrar em sua Polaroid cada acontecimento e cada rosto.

A sensação de que temos uma memória efêmera e deficiente nos torna muito parecidos com Leonard. Mas, ao contrário dele, não sofremos nenhum grande trauma que nos tenha roubado a própria memória. Sofremos antes de um excesso de velocidade de informações que nos faz sentir incapazes de absorver por muito tempo os acontecimentos. O tempo se comprime, vira uma sucessão de presentes acelerados que logo se transformam em passado. Sendo assim, como poderemos construir a memória desse passado tão recente? De um passado quase colado ao presente?

Tudo isso nos deixa ansiosos por aperfeiçoar nossa memória, por adquirir uma memória que dê conta de toda essa rapidez e fluxo de informação. O filósofo alemão Andreas Huyssen aponta algumas saídas contemporâneas para a formação dessa memória. Entre elas, a valorização do biográfico, a restauração dos centros urbanos, o crescimento e a expansão dos museus e a "automusealização" através da câmera de vídeo e dos meios de comunicação. Ao mesmo tempo que nossa necessidade de memória aumenta, surgem diversas formas de amnésia. E a vida rápida e perecível que se vive atualmente é uma das principais causadoras disso. Ou seja, uma nova angústia aparece quando as pessoas acreditam que, mais cedo ou mais tarde, esquecerão tudo, e por isso buscam o apoio de novas formas de memorizar. Entre elas está o diário íntimo na internet, que se propõe a acompanhar esse rápido fluxo de informações que chega ao diarista e que se produz a partir dele. É como se fosse uma sucessão de fotos em Polaroid.

Como explica Jesus Martin-Barbero em seu texto inédito *Dislocaciones del tiempo y nuevas topografías de la memoria*, com um passado feito de pastiche, uma ausência de futuro e um presente sem fundo, sobra para o homem atual uma sensação de vazio, de "sem saída". A expansão do presente e a identidade fragmentária — por isso aparentemente sem raízes — dos sujeitos contemporâneos geram um grande desejo de passado. É a partir daí que se explica a demanda pelas biografias e pelos diários, que têm grande filão no mercado cultural — como a indústria editorial, a produção televisiva, a cinematográfica e, mais recentemente, a internet.

A mesma mídia que realiza a manutenção da memória acaba sendo responsável também pela sua perda. "A acusação de amnésia é feita invariavelmente através de uma crítica à mídia, a despeito do fato de que é precisamente esta — desde a imprensa e a televisão até os CD-ROMs e a internet — que faz a memória ficar cada vez mais disponível para nós a cada dia", explica Huyssen. É através da mídia que a memória se corporifica e se consolida como uma forma de dar continuidade à história. Mas é ela também que ajuda o indivíduo a lembrar de tantas coisas em seu dia-a-dia que faz com que ele tenha uma memória preguiçosa e dependente.

O computador, com sua capacidade aparentemente infinita de armazenamento de memória, só serviu para aumentar essa dependência. Desta forma, a escrita íntima, quando passou a utilizá-lo como suporte, se afastou bastante de sua função-memória inicial. O diário por escrito já supria a dificuldade de memorização do indivíduo, porque funcionava como um arquivo das atividades do dia-a-dia. Em muitos casos, se instituiu o uso da agenda, e o escritor costumava misturar no mesmo texto as divagações subjetivas aos compromissos diários. Ou seja, o diário tradicional funcionava como uma muleta para guardar lembranças. Ele era usado como um arquivo pessoal, emocional e racional de tarefas e sentimentos, e de tudo o que o seu autor tinha feito naqueles dias — desde as contas a pagar até um encontro pessoal.

Com o surgimento do diário íntimo na internet, tornou-se mais fácil para o diarista armazenar informações sobre si mesmo — juntamente com tantas outras — praticamente em "tempo real". O imediatismo da internet, que através dos *sites* já havia criado a possibilidade de uma memória infinita dos fatos gerais, agora se propõe também a gerar uma memória dos fatos pessoais através do blog. Com isso, a memória como capacidade psíquica vai abandonando a sua maneira tradicional de trabalhar e delegando inúmeras tarefas a uma memória artificial. Sem a ajuda do computador, nossa memória pessoal está sujeita ao exercício da lembrança e do esquecimento, se constrói de grandes repousos e eventuais despertares. É subjetiva porque nutre lembranças que nos parecem dispensáveis e esquece aquelas que nos parecem mais caras.

As idas e vindas, as lacunas ou a descoberta inesperada de lembranças esquecidas ou recuperadas por uma memória "indomável" são substituídas por uma memória artificial que permite a seleção prévia das lembranças. O autor escolhe arbitrariamente aquilo de que quer se lembrar, coloca tudo num arquivo de "favoritos" e, quando quer retomar determinada lembrança, basta apenas clicá-lo para trazê-la à tona.

O computador permite ao indivíduo, pela primeira vez, a sensação de controlar sua memória. É como se a sua capacidade de armazenamento tivesse aumentado, já que agora o meio de comunicação consegue acompanhar a atual rapidez do fluxo de informações. O computador comprime o tempo e cria arquivos com uma rapidez que o ser humano nunca seria capaz de imitar. Ele tem uma capacidade incrível de memorização, mas afasta o indivíduo do importante exercício de memória.

Atolados de informação sobre o mundo e sobre si mesmos, os indivíduos optam por não perder tempo elaborando uma memória seletiva. Arquivam "tudo" para mais tarde, se puderem, escolherem o que realmente querem guardar. Até que chegue esse dia, constroem um banco de memória virtual que vai muito além do seu cérebro e que nem sequer sabem o que contém. O critério usado para arquivar as memórias não tem mais importância: o que importa agora é a quantidade de informações armazenadas. Informações estas cujo conteúdo é, quase sempre, efêmero. Isso faz com que a memória armazenada no computador seja mais saturada e que a memória pessoal se torne cada vez mais deficiente, mas não garante que a memória artificial — mesmo com sua grande capacidade de armazenamento — seja completa.

O diário íntimo na internet é um bom exemplo dessa nova maneira de arquivar. Como ele requer uma atualização freqüente, é necessário que o diarista esteja adicionando novas informações a cada momento. Todos os comentários são, automaticamente, guardados na memória do computador e no hipertexto do blog. Não é certo que cada um desses comentários (ou *posts*) seja tão importante assim para a memória individual. Mas, como a memória artificial comporta uma enorme quantidade deles, o autor acaba guardando-os em arquivo.

O fato é que o computador, com sua memória extensa, se adapta perfeitamente a essa obsessão específica do homem: o arquivismo. Como explica Pierre Nora, "a memória moderna é, sobretudo, arquivística. Ela repousa inteiramente na materialidade do vestígio, na imediatez do registrado, na visibilidade da imagem". A memória começou a se construir por arcabouços exteriores, daí a obsessão pelo arquivo, não só para preservar o passado, como também o presente. Ao arquivo cabe a tarefa de lembrar, e o computador acabou se tornando um enorme fichário capaz de guardar inúmeras lembranças. "Nenhuma sociedade jamais produziu arquivos como faz a nossa deliberadamente, não só em volume, não só por conta dos meios técnicos de reprodução e preservação, mas também por seu zelo supersticioso, sua veneração pelo vestígio", diz Nora. E, atualmente, também pelo medo de perder a memória.

O computador permitiu, com sua tecnologia, essa floração de arquivos. Com ele é possível começar um arquivo sem terminar o outro, e depois voltar ao primeiro, especificá-lo e reescrevê-lo. Porque para fazer o caminho de um até o outro basta apenas trocar de tela com um clique do *mouse*. A tela funciona como uma porta, um "elemento de passagem" muito mais rápido do que virar a página de um caderno. E se, antes, o hábito era abrir um novo arquivo para escrever sobre um outro assunto, com o diário íntimo virtual essa passagem pode ser feita agora de um *post* (comentário) ao outro, numa mesma página da *web*.

Na escrita íntima pela internet, os arquivos aparecem colados uns aos outros, os assuntos estão juntos numa mesma página e não classificados por ordem de importância. Porque essa página é virtual, continuada, permite abarcar desde histórias interessantes contadas pelos leitores até impressões do diarista dos seus sonhos, comentários sobre os filmes que viu ou a descrição do último encontro que teve. É fragmentária porque é também coletiva, inclui contribuições não só do diarista como também de seus leitores. É um arquivo pessoal e plural e, por isso, uma memória individual e também coletiva.

É essa sensação de continuidade, como num enorme livro de arquivos intermináveis, que faz com que o diarista escreva sobre os mais diversos assuntos, sem se perguntar se sua própria memória será capaz de guardá-los ou não. Quando um diarista escreve seu blog na internet, pensa nele como *O livro de areia* de Borges: "Disse que o seu livro se chamava *livro de areia*, porque nem o livro nem a areia têm princípio ou fim." Cada uma das páginas nunca é igual à outra, não é preciso que o livro tenha princípio ou fim, não é preciso virar a página, fechar o caderno. Os dias estão lá pontuados, marcados, mas se o número de páginas aumenta, fica cada vez mais difícil encontrá-los de novo — já que o blog não possui ainda um mecanismo de busca que nos permita procurar determinado assunto por tema ou por data. Ao consultar um blog, nos sentimos como o personagem do conto de Borges, que tenta em vão abrir o livro na mesma página, mas acaba sempre encontrando uma nova. É como se os *posts* fossem aqueles grãos de areia, soltos no espaço virtual, escapando por entre os nossos dedos, escapando à nossa memória.

Na verdade, o próprio arquivo passa a ser mais importante do que a memória em si. Por que se esforçar para lembrar de algo se existem arquivos suficientes para guardar todas as lembranças? O computador leva essa possibilidade ao extremo, podendo não só guardar os arquivos através dos quais o indivíduo se lembra do mundo em que vive, mas também criar a sua memória individual, independente da coletiva. No disco rígido de cada usuário, é possível guardar tudo sobre determinada fase de sua vida: os textos que escreve, seu *curriculum vitae* e até os textos que copia de outras páginas e que quer conservar por algum motivo, mas dos quais nem sequer se lembra.

A internet abre ao usuário a possibilidade de navegar por páginas virtuais do mundo inteiro, que contêm trechos de livros ou depoimentos sobre acontecimentos e questões importantes no mundo. A partir dessas páginas, o usuário pode selecionar os assuntos que mais o interessam e passá-los para os arquivos pessoais. Ou seja, são informações disponíveis na rede, pertencentes a uma memória geral, mas que podem ser integradas também ao arquivo pessoal junto com os textos escritos pelo indivíduo.

Enquanto o computador facilita a multiplicação e o acúmulo dos arquivos pessoais, a internet faz com que esses arquivos escapem ao controle de quem os cria. Porque a internet é um suporte virtual, uma "realidade" que se sobrepõe à nossa realidade e que vai além dela, um espaço em que não é possível ver nem ser visto e, por causa disso, as perspectivas mudam um pouco. Lá estão os textos do diarista, pequenos pedaços de biografia que parecem dançar num espaço virtual cada vez mais fora do seu controle. Um espaço virtual fluido, pertencente a todos, e que, mesmo com toda a capacidade tecnológica de arquivar documentos, faz com que o conhecimento desses arquivos escape ao seu próprio autor. "Com a capacidade infinita e o apetite insaciável da memória artificial, ser registrado não é mais recompensa dos poucos eleitos, nem necessariamente o resultado do próprio empreendimento de alguém", explica Zygmund Bauman em O *mal-estar na pós-modernidade*. "Agora todos têm a possibilidade e a probabilidade de ter o nome e o registro de vida conservados para sempre na memória artificial dos computadores."

A participação numa memória coletiva passa a ser acessível a muitos indivíduos. Os registros biográficos permanecem na memória dos computadores, mas também na internet. E no campo virtual escapam ao controle do seu autor — os grandes *sites* de busca (como Miner, Google e Yahoo) podem conter informações sobre a vida de um indivíduo que ele mesmo não sabia que estavam registradas na internet. Tais informações, mesmo que pessoais, estão abertas ao público.

O blog opera, além disso, porque conta com o aval do próprio autor para colocar informações sobre si na rede e absorve a contribuição do público para essas memórias pessoais. São os leitores participando, fazendo comentários *on-line*, estabelecendo *links* entre a vida do diarista e suas próprias vidas. As conexões entre esses blogs fazem deles, muitas vezes, um diário íntimo coletivo.

A PASSAGEM DO PAPEL PARA A TELA

Ao longo da história, o diário íntimo sempre funcionou como uma reserva de memória pessoal, e muitas vezes até pública.[3] Era o guarda-memória de uma fase de vida, de uma maneira de pensar e de agir, uma forma de mostrar como os acontecimentos daquele momento se refletiram naquele indivíduo. A escolha do caderno, das folhas avulsas, dos tamanhos, cores e cheiros do papel, do tipo de caneta, as anotações a lápis no pé de uma página, tudo isso funcionava como um pequeno resquício da memória.

Se o diário publicado pudesse ser um reflexo fiel da memória individual de quem o escreve, o ideal é que fosse fac-

---

[3] Como é o caso dos diários escritos num determinado momento histórico relativo a um povo: como a guerra, a repressão ou os conflitos religiosos. O exemplo mais recorrente é o dos relatos dos judeus no período do holocausto. Romanceados ou não, eles fazem parte de uma memória coletiva que se estende para além das vítimas.

similar. "Um diário é melhor quando (...) ele está aqui nas minhas mãos, com muitas folhas e cheio de documentos colados, repleto de uma escrita de outros tempos, de seus momentos, de seus traços de releitura; é por isso que o passado se torna presente, através dessa caligrafia que mostra uma época, um caráter, desse espaço entre duas entradas onde vibram os dias, os meses (...) dessas páginas brancas no fim", diz Lejeune.

Todas essas coisas são pequenos fragmentos de memória que, no exato momento em que estão sendo criados, não parecem guardar a quantidade de informação que terão alguns anos depois. O diário tradicional é um traço, uma folha de papel que foi escrita naquele dia e em nenhum outro. É — com todos os seus croquis, passagens, fotos e cartões-postais — um relicário, um belo objeto de lembrança.

É um livro único, comparável àquela pintura em aquarela que é quase inimitável. A única maneira de publicar um diário escrito de forma a manter toda a riqueza que se pode obter dele é através de uma edição fac-similar.[4] Um dos ingredientes que fazem desse diário um livro único é a caligrafia. Philippe Artières, em seu livro *Clinique de l'écriture* (A clínica da escrita), mostra como a psicologia se apoiou a princípio na caligrafia para tratar de um universo de sintomas. A escrita podia ser tão reveladora como uma impressão digital, uma pista física para decifrar o caráter e a patologia de cada indivíduo, uma "pele da alma".

---

[4] Um exemplo importante é o diário da artista Frida Khalo, que misturava uma série de desenhos — alguns deles croquis de quadros da pintora — com pensamentos e reflexões. Os desenhos de Frida, sempre tão expressivos e refletindo uma situação de vida, não podiam ficar de fora quando o diário fosse publicado. A decisão da editora José Olympio foi fazer uma edição fac-similar com todos os desenhos angustiados da escritora.

De certa forma, os diaristas se deram conta disso, da riqueza de informações que podiam obter a respeito de si mesmos através do traço. Um traço que iria mudar conforme o tempo, mas que também seria a marca de uma fase de vida e um condicionador de memória. A escrita é uma maneira de registrar o sentimento em estado bruto, ela torna transparente o pensamento do diarista. A caneta é quase o prolongamento da mão — enquanto o teclado supõe um distanciamento, e a tipografia, uma uniformização. "Pouco me importa em que ordem e onde eu posso conservar minhas notas: meu objetivo era — e é sempre — guardar os traços da minha vida, primeiro como adolescente, depois como adulto", explica Philippe Lejeune.

Esse livro único é também o arquivo único de uma vida. Nele é possível guardar a memória de tudo: os detalhes das situações, a evolução da caligrafia, as imagens, colagens e cores. Cada página é quase uma obra nova que vai se construindo de acordo com o humor, o estado de espírito daquele autor. As colagens, as folhas secas, as marcas de batom são indeléveis. O que resta ao seu autor, posteriormente, é colocar a nota de pé de página criticando, reavaliando, emendando o seu pensamento. A releitura e a autocrítica são apenas uma maneira de o diarista dizer de si mesmo "olha como amadureci", mas nunca de apagar o que ele pensou um dia, e só naquele dia.

Para o diarista apaixonado pelos seus arquivos pessoais, quase tudo funciona como lembrança: uma conta de restaurante, uma lista de compras, as mechas de cabelo que foram cortadas, o dente que perdeu, as cartas que enviou a si mesmo. Todos esses "documentos" podem ser anexados em um diário tradicional. Guardados, arquivados. São eles que, juntos, fazem uma colagem, emprestam relevo e volume àquelas lembranças escritas, e que depois mostrarão o passar dos anos com o envelhecimento das páginas.

Todos esses fragmentos fazem parte da memória e, mesmo que o diarista nunca mais pegue esses escritos para folhear e reler, ele sabe que, de uma forma ou de outra, eles estão lá, que existem e fazem parte do seu arquivo pessoal. Esses escritos podem estar condenados ao esquecimento e até à destruição, mas permanecem como marcas do que seu autor fez e sentiu em determinadas fases de sua vida.

A passagem de todo esse material para o espaço virtual acarreta uma perda de suporte concreto para as lembranças do diarista. Em vez de estarem lá, espessas em suas mãos como um livro, dançam num vazio que ele não consegue dominar. O interessante é que o diarista passa a confiar seus pensamentos ao computador — onde reescreve e reordena seu texto —, o que torna cada nova versão independente e diferente das anteriores. Cada nova versão só passa a existir em detrimento da anterior, que para isso precisou ser apagada. "A escrita em computador extinguiu a outrora sagrada idéia da 'versão original'", explica Zygmund Bauman. O que faz com que a bela noção de um livro único se perca junto com ela.

O diarista virtual Victor Carbone explica como mesmo a chamada "versão original" do diário no papel possui uma certa dose de fantasia, uma fantasia que vai marcar mnemonicamente uma fase da vida do autor.

"Eu nunca gostei de fazer diários 'certinhos', datados, sim, assinados, sim, mas sem aquela coisa de 'querido diário, hoje eu matei a vizinha e estou me sentindo culpado'. Eu inseria imagens, recortes, notícias, manchetes sensacionalistas, fragmentos de livros, poemas, crônicas... E às vezes eu inventava algumas coisas, fatos extravagantes, como jantares no Fasano,

festas no Centro Hípico... Ah! Uma coisa que eu fazia muito era colocar diálogos que eu tinha no telefone... Ficava horas tentando lembrar com exatidão das perguntas..."

Cada um desses pequenos rituais de escrita — a verdade nos detalhes ou as grandes invencionices — faz parte da construção da memória no diário íntimo por escrito. Basta que o autor considere essa versão como sendo a original, embora não seja totalmente verdadeira.

É essa versão original que se perde quando o diário íntimo passa para a internet. Essa perda era algo que os artistas pós-modernos já pressagiavam. Andy Warhol, por exemplo, se propunha a começar suas obras a partir de uma cópia. No entanto, mesmo a versão eletrônica do diário — que é feita, refeita e reestudada — merecia ser arquivada como uma memória pessoal do diarista. O computador e seu mundo virtual provocam no diarista uma grande insegurança com relação ao controle que ele pode exercer sobre seu arquivo pessoal. Ao contrário do que se possa pensar, o fato de o indivíduo se preocupar tanto com a possibilidade de perder suas notas biográficas só faz com que ele cada vez mais confie sua vida pessoal a uma máquina que, na verdade, é um armazenador artificial de memória.

Se com a ajuda dessa memória artificial o diarista acredita estar livre da obsessão dos arquivistas — que catalogam em estantes os diários dos últimos anos ou guardam em caixas de sapato todas as cartas recebidas pelos amigos —, está muito enganado. Na verdade, a única diferença é que ele não vê aquelas estantes cheias, aquelas caixas que se acumulam, e por isso deixa de enxergar o tempo como ele realmente é: um "empilhamento monstruoso de momentos presentes". A diferença é que, quando alguém se propõe a folhear num caderno o arquivo desses momentos, acaba tendo uma grande "vertigem", enquanto que, quando essas memórias estão guardadas num HD ou em um disquete, "a altura de que se vai cair" parece menor, os arquivos parecem mais organizados, mais comprimidos.

Tomemos como exemplo o delicado e obsessivo trabalho de arquivo de Georges Perec que decidiu, durante 12 anos, escrever suas sensações "presentes" e lembranças relativas a 12 lugares. Na tentativa de contrapor o que acontecia na realidade com aquilo de que se lembrava — um exercício de memória —, Perec "falhou" em seu projeto pois eventualmente perdeu o desejo de continuar esse exercício de arquivo. A idéia dele era escrever cartas e depois lacrá-las, sem direito a releitura; ao final de 12 anos, ele abriria esses 288 envelopes, e compararia seu conteúdo. A paciência do escritor se esgotou depois de seis anos de trabalho. Ele nunca abriu os 133 envelopes que escreveu, mas sabia que eles estavam lá e que suas lembranças estavam guardadas com eles. A memória estava ali, visível, acumulada numa pilha de envelopes.

Perec já demonstrava uma preocupação com a perda de memória, que viria a se agravar nos dias de hoje. O medo de esquecer tem se intensificado de tal forma que já não é suficiente para o indivíduo registrar apenas os momentos importantes, mas todos os momentos. Essa obsessão se assemelha em vários pontos com a do personagem do filme *Memento*, Leonard Shelby, que não acredita mais na sua memória, só nos fatos — por isso ele se propõe a escrever todas as coisas que vê em um pequeno caderno, usa a Polaroid para registrar os rostos de quem já conhece e escreve pequenas frases para resumir a personalidade de cada um. Em caso de total esquecimento, tatua seu corpo com as lembranças que lhe parecem fundamentais.

Para não esquecer de nada, escrevemos e registramos tudo. E nossa memória se assemelha mais a folhas avulsas do que às páginas de um caderno, ou seja, é bem pouco organizada. Por isso pode nos parecer mais fácil escrever o diário íntimo na internet. O texto curto, o comentário espontâneo, o *en passant* só são possíveis num veículo que permita a escrita rápida e informal. Por isso a criação dos *posts* — como são chamados os pequenos comentários feitos pelo blogueiro — e dos arquivos de fotos, que tanto podem ser tiradas de *sites* como escaneadas de arquivos pessoais do diarista.

Mas esse mesmo veículo que permite um maior acúmulo de lembranças não "espera" o tempo de maturação da memória e não tolera suas lacunas e seus esquecimentos. Como é preciso estar sempre "postando", registrando novas lembranças, muitas vezes o diarista é obrigado a inventá-las.

Lejeune explica que a memória se parece a um afresco quase apagado e todo coberto de camadas; e que é preciso desencapar as camadas de baixo que foram repintadas, recuperar as fabulações ligadas aos relatos ouvidos, às imagens vistas, às emoções e peripécias anteriores. "Reencontrar os pequenos pedaços que subsistem, com muitas cores e um frescor inacreditável, mas bizarramente desconectados e boiando em brancos gigantescos. E é preciso deixá-los como estão, sem querer refazer as partes apagadas."

No entanto, muitos diaristas teimam em preencher essas lacunas, em completá-las da melhor maneira possível, em retocar o velho afresco. Quando formam seu arquivo pessoal, eles preferem preencher as lacunas porque pensam que qualquer vácuo no texto pode diminuir o "alcance" e a capacidade da memória. Lejeune, por sua vez, mostra que a beleza está justamente na desigualdade com que as lembranças vêm à tona, e na arbitrariedade — aparentemente sem motivo — da memória ao escolhê-los.

Quando ocorre a transição do diário manuscrito para o diário virtual, o diarista perde não só a capacidade de memorizar todo o caminho que precisou percorrer para que se transformasse na pessoa que é, mas perde também a consciência de suas "lacunas" momentâneas, as quais, por mais que pareçam falhas de memória, ocorrem por algum motivo, ainda que inconsciente. O diarista virtual acaba voltando a essas lacunas e preenchendo-as, como se o fato de um dia tê-las esquecido não fosse de extrema relevância.

As lembranças são peças que compõem um quebra-cabeça de memória em que, no caso do diário, a linguagem cumpre um papel fundamental. Se essa linguagem for pensada, repensada e reiterada, toda a história presente — a qual vai servir depois de base para o futuro — perde o seu sentido. A maneira como tudo foi escrito, o vocabulário que o autor dominava na época (muito ou pouco complexo), sua ausência ou excesso de profundidade no momento em que escreveu o texto, todos esses fatores contribuem para reavivar a memória da pessoa que ele foi um dia.

O ato de registrar o presente como material para o futuro foi perdendo, então, no meio virtual, a sua validade, embora muitos diaristas virtuais ainda acreditem em seu diário como um meio de guardar informações sobre si mesmos. Daniela, que começou a escrever seu blog em maio de 2001, em novembro do mesmo ano já notava algumas diferenças: "É possível perceber que a minha maneira de ver algumas coisas também mudou. Entre outras coisas, mudou também o meu estado emocional."

A necessidade de anotar as decisões do presente para ver como influenciariam o futuro já existia na história do diário íntimo. Ela começou com os livros de bordo, para depois passar aos livros de contas das empresas familiares e às crônicas locais. No entanto, como se pode notar, sua função era mais social e familiar. Com o passar do tempo, quando o individualismo começou a crescer, e a memória, por sua vez, a diminuir, ela passou a ser também uma necessidade do indivíduo.

A passagem do diário íntimo do papel para o suporte do meio virtual permite registrar com maior rapidez o presente, mas permite também mudá-lo com a mesma rapidez. Dessa forma, perde-se a garantia de que um "bom material" poderá ser arquivado para a lembrança futura. A mudança de suporte gera também uma nova questão: como fazer com que a memória do autor se torne semelhante à do leitor? Já que agora o autor do diário íntimo expõe sua memória a outras pessoas, para que estas se interessem pela sua história, é necessário que sua memória seja também um pouco a memória delas. É preciso também escolher bem aquilo de que se vai lembrar, de modo a ficar a meio caminho entre o que "os outros" esperam que seja lembrado e aquilo que o autor tanto deseja guardar como memória.

Ao mesmo tempo que o aumento do individualismo é responsável por gerar a narrativa íntima — sendo também o fator que impulsiona o indivíduo para a internet —, esta se torna uma narrativa coletiva, porque supõe, mesmo que indiretamente, a influência dos leitores. Então a memória que se cria a partir desse escrito é a memória do autor, mas é também um pouco da memória do leitor.

A MEMÓRIA MUTÁVEL DAS VERSÕES

Um dos maiores problemas ligados à fixação da memória no escrito íntimo pela internet é o novo papel que cumprem agora as funções de reflexão e releitura. Quando a escrita é feita no papel, os diaristas pensam naquele registro como um instante fugidio para o qual nunca poderão voltar, mesmo que depois decidam interferir nele. A reflexão é o conjunto de momentos anteriores em que se pensa no que se quer escrever no papel. É possível refletir um pouco antes de escrever, no dia anterior, mas a partir do momento em que se escreve, a reflexão póstuma está lá, marcada no corpo do texto, pelas rasuras e pelas notas de canto de página.

O tempo não está comprimido. É possível vê-lo passar através da releitura. Se o diarista retoma o papel que já escreveu, pode ver nele as marcas de suas dúvidas, suas questões e suas mudanças de opinião, e isso também é uma forma de reavivar a memória. No entanto, como a escrita eletrônica estica ao infinito os tempos de reflexão e releitura, o texto nunca encontra uma chance de manter o seu estado original. Ou seja, é possível voltar quantas vezes for preciso ao texto e mudá-lo, voltar a refletir sobre ele, sobre que pedaços acrescentar e quais tirar sem que, no entanto, as rasuras fiquem marcadas no corpo do texto.

A releitura é uma maneira de voltar ao passado, retomar a memória, acompanhar o traço da escrita. É um *flashback*, uma reavaliação da própria vida. Ver as linhas sublinhadas com raiva, as inúmeras páginas escritas sob o impulso de um sentimento, o traço da nova caneta, as cores escolhidas, a escolha do suporte e mesmo a marca de outras releituras pela rasura — tudo isso era possível com o diário tradicional. O papel deixava marcas. A releitura é como olhar para trás e ver o caminho que foi preciso percorrer para se chegar aonde se chegou. As pistas desse caminho só podem ser obtidas através da riqueza da escrita, riqueza esta que, com o uso do computador, se perde na tipografia.

Sempre é possível refletir, retomar, reler e, muitas vezes, reescrever. Mas o uso do computador agrava esse exercício pela facilidade da técnica e por um segundo e importante fator: o olhar do Outro. "Os textos que nós relemos e aqueles que reescrevemos não são textos destinados aos outros?", se pergunta Lejeune em seu livro *Pour l'autobiographie*. De uma certa maneira, sim. Recolocar, apagar e retificar são palavras que estão entrando no vocabulário da reescritura pelo computador, que é feita basicamente por causa de uma preocupação com a leitura do outro. A blogueira Winnie explica em entrevista que relê seu blog com bastante freqüência: "Como eu sou muito autocrítica, eu sempre acho que o que eu escrevi tá (*sic*) mal escrito (eu nunca reviso nada antes de "postar", "posto" como vem na minha cabeça), eu (...) lembro de momentos bons e ruins lendo aquilo."

Enquanto alguns diaristas virtuais têm a mesma postura de Winnie, outros preferem agir como Marina, sem nenhum apego ao texto original: "Eu releio, conserto e deleto muitas coisas no meu blog." Todos esses mecanismos de reescrita permitem cortar os erros de português, os mal-entendidos, as bobagens, mas será que resguardam a memória? Aquela memória diária, fresca? Não, no fundo eles apagam os vestígios que a constroem.

Escrever no computador hoje é mais do que uma escolha, já virou um hábito. Para algumas pessoas, só é possível começar a refletir quando escutam o barulho da tela se acendendo e começam a escrever algumas frases soltas para depois juntá-las, copiá-las, colá-las e realizar um texto a partir desses fragmentos. Muitas vezes é necessário pensar cada um dos fragmentos, saber que palavra botar, inverter frases, escrever uma idéia num pedaço de papel e depois passá-la para o computador.

O fato é que toda essa elasticidade no tempo de reflexão só foi possível com o uso das ferramentas do computador. Reescrever o texto à mão, fazer emendas e rasuras era, na verdade, mais trabalhoso. O mecanismo de "copiar e colar" do editor de texto torna as coisas mais fáceis e limpas visualmente. Pode-se apagar uma frase rapidamente, acrescentar uma palavra, voltar a um texto antigo que está arquivado no próprio computador, tirar dele um pedaço inteiro e inseri-lo no texto atual. As matérias, artigos, críticas e até trechos de livros estão disponíveis na internet. Quando surge a necessidade de citar um pedaço de uma matéria, criticar um artigo ou falar de uma frase do escritor favorito, o computador possui os mecanismos necessários para isso. E tudo é feito de maneira a não "denunciar" o Frankenstein que aquele texto se tornaria se tivesse sido escrito no papel.

Uma outra maneira de inserir trechos sem que eles influenciem o corpo do texto principal é através do *link*. São eles que abrem portas para outras páginas da *web*, comprimindo o corpo do texto do diarista virtual, feito em pílulas. Os *links* também economizam enormes espaços que seriam ocupados por textos copiados e estimulam os deslocamentos do leitor pelo ciberespaço. De alguma forma, eles recuperam um pouco da memória do percurso da escrita daquele diarista virtual. O leitor tem uma pista do caminho que o diarista precisou percorrer para criar aquele pequeno fragmento de escrita, de que *sites* visitou e por quais assuntos se interessou. Ele pode acompanhar a trilha reflexiva de quem escreveu o texto.

Ao mesmo tempo que servem como um esquema de memória para o próprio diarista, os *links* se entrelaçam ao texto, criam novas encruzilhadas e apontam para novos caminhos a serem seguidos. Um desses caminhos pode ser o próprio passado, se for preciso voltar a ele para escrever um novo texto ou retomar determinado assunto. O *link* aponta para aquele atalho, funcionando como um breve rememorar que indica ao leitor em que momento do passado ele precisa se apoiar para ler o presente. "Eu utilizo os *links* do hipertexto para fazer referência aos episódios passados, para assinalar a junção de um novo documento nos anexos do meu diário, mas também para abri-lo para o exterior, para outros *sites* que me parecem apresentar algum interesse para meus leitores", explica Lejeune em *"Cher écran..."* Ou seja, o *link* é também uma forma de pegar o leitor pela mão e mostrar que caminho ele precisa percorrer para descobrir as idas e vindas da memória de quem escreve. Uma memória que não é apenas individual, mas que se nutre também de assuntos de interesse coletivo.

Em contrapartida, os mesmos dispositivos que facilitam a escrita no computador podem se tornar um empecilho para a memória — uma memória da própria escrita e dos mecanismos que a impulsionam. Uma escrita em estado bruto, com todos os eventuais erros de caligrafia e de avaliação. Se o diarista se torna capaz de corrigir esses erros sem que deles fique nenhum vestígio, terá a memória de que eles aconteceram? A facilidade de voltar ao texto sem o esforço de virar a página, apenas usando o clique do *mouse*, faz com que esse "escritor virtual" não pare de reescrevê-lo, cortá-lo, mutilá-lo e repensá-lo.

A memória fresca do dia-a-dia que o diário manuscrito, a princípio, se propunha a reter, torna-se flutuante, incerta na escrita virtual. Como essa escrita agora transita entre a realidade e a ficção, a garantia de que as coisas aconteceram daquela maneira e naquele tempo determinado — ainda que tais dados estejam bem-delineados pela precisão do computador — se torna cada vez menor.

Ou seja, a memória de um determinado momento, daquilo que escrevemos de um só golpe sem pensar, sem refletir, se perde. Se não temos tempo de reter aquela lembrança naquele momento, podemos voltar a refletir sobre ela segundos depois, horas depois, dias depois, e é isso que impossibilita a existência dos buracos, rompimentos, imperfeições no tecido da memória.

À PROCURA DA IMORTALIDADE

Se, para alguns, pouco importa que o diário virtual seja como um livro de areia sem um fim determinado e que a memória do computador talvez não seja suficiente para suportá-lo, para outros o ponto final que um dia terão de dar aos seus escritos é um assunto de suma importância. Na opinião destes, simplesmente escrever um diário e ter um público determinado não é suficiente; eles querem ter seus diários virtuais lembrados por seus contemporâneos e, quem sabe, pelas próximas gerações. Em outras palavras, gostariam de "eternizar" de alguma maneira seus escritos.

A possibilidade de fazer uma leitura posterior, de deixar algo escrito para si mesmo, para os filhos ou netos pode não ser o principal motivo pelo qual se inicia um diário, mas, para muitos diaristas, é a razão que garante a sua permanência. Em determinado momento, o diarista se pergunta o porquê daquela escrita frenética que registra atabalhoadamente seu dia-a-dia. E a resposta pode ser que talvez, algum dia, ele queira se lembrar daquilo ou pelo menos ter aqueles textos guardados. Ou, mais do que isso, vai querer que os outros também lembrem daquilo. Quer deixar a sua marca, o seu legado, para o futuro.

É nessa hora que o computador exerce duas funções antagônicas: ele é capaz de guardar o máximo daquilo que o diarista está produzindo, mas guarda toda essa memória num espaço virtual que não proporciona ao seu autor o mesmo controle que teria se o diário estivesse sendo escrito na folha de papel. Quando um diarista termina de escrever um *post* e o lança na rede, a sensação de imaterialidade e sua falta de controle sobre aquela informação parecem aumentar. Logo, é difícil para ele saber exatamente o que lançou na rede, ter controle daquilo que será memorizado pelo público; além disso, existe o receio gerado por não saber para onde vão aqueles textos. "Os medos são maiores no computador porque a técnica escapa ao nosso controle. Por um lado, você teme que o seu texto vá desaparecer no nada (apagamento acidental), por outro, que ele aparecerá onde não deveria", explica Philippe Lejeune. Para evitar o primeiro perigo, não é raro que o diarista faça cada vez mais cópias do seu diário, expondo o seu texto de maneira indevida.

Embora o diarista tente controlar de alguma forma o que escreveu, quando seu texto está na tela, ele parece fluido, imaterial; ele escapa ao escritor até que este adquira um entendimento maior daquilo que se passa por trás da superfície opaca da tela, o lado técnico. Ou que consiga, de alguma forma, retirar aquele texto do "domínio" que acredita ser da máquina. Esse texto, então, foge ao controle do diarista e passa ao domínio da rede, tornando-se cada vez mais difícil alcançá-lo, porque escapa das mãos do seu autor e se torna de domínio público.

A memória frágil do computador, as freqüentes mudanças na internet e as dificuldades técnicas da máquina são alguns dos problemas que afligem aqueles diaristas mais voltados para o arquivismo. As principais saídas encontradas são, primeiro, a impressão dos documentos e seu posterior arquivamento, o que acaba voltando ao problema do diarista de caderno: o acúmulo de papéis; segundo, o registro virtual que pode ser feito no próprio disco rígido ou em disquetes. O medo de perder as informações faz com que os arquivos se multipliquem e sejam gravados em mais de um disquete, sendo que nenhum deles é verdadeiramente o original. "Guardo todo o conteúdo do meu blog no HD de casa, do trabalho e da casa da minha namorada, e agora vou começar a fazer *backups* em CDs", explica o blogueiro Carlos de Souza. Cria-se uma memória de apoio que, se não garante a imortalidade, assegura a existência de um duplo "imortal" — um computador que, teoricamente, conterá todas as informações disponíveis a respeito de nós mesmos, e que, com a capacidade de guardar e repassar textos para outras máquinas, garante, a princípio, a imortalidade de nossos textos.

A "função memória" do diário existe, muitas vezes, por causa da necessidade do diarista de deixar um traço, uma marca no mundo. Daí a necessidade dos registros em disquete ou impressos quando o diário é feito por computador. Quando se escreve um diário virtual, seu autor sente que suas palavras como que dançam no vazio, entram numa realidade fluida a que ele não tem acesso. A impressão no papel empresta àqueles pensamentos uma realidade material e dá ao diarista uma sensação de posse deles. No entanto, as várias cópias e a repetição não livram necessariamente o passado do esquecimento.

Existem, sim, muitos diaristas virtuais que escrevem para "passar o tempo", para ganhar um certo público, mas há outros que desejam guardar para a posteridade aqueles momentos da sua vida sobre os quais escreveram. O arquivismo do diário íntimo traduz bem o medo do homem contemporâneo de não conseguir marcar a sua existência na história, de se perder no vazio do esquecimento. O desejo, então, de se destacar, de fazer de sua vida uma história única, leva o diarista a tentar fixar-se na memória dos outros para, através dela, tornar-se imortal.

Esse desejo de permanecer na memória alheia através dos tempos é bastante antigo e vem da idéia de imortalidade. Como o homem já se convenceu há muito tempo de que não pode ser imortal, uma das maneiras que encontrou de deixar a sua "marca no mundo" foi escrevendo textos, mantendo-se vivo, cada vez mais, na leitura e na fala dos outros. Quando o diarista vê que esse objetivo é alcançado por poucos escritores, mergulha na multiplicação de textos com a esperança de que, produzindo em larga escala, não corra o risco de perder seus escritos no imenso espaço virtual onde a autoria ainda tem valor indeterminado.

É nesse momento, também, que o público leitor, esse grupo de estranhos, se torna fundamental. É ele quem torna possível a propagação das idéias do escritor — através da fala, dos comentários e da rede —, tornando-as duradouras, permanentes, pelo menos naquele ambiente da rede, o que dá ao autor uma sensação, ainda que momentânea, de imortalidade.

Como é possível, então, reclamar para si a autoria de uma idéia ou de um comentário feitos num espaço de comunicação tão vasto? Como saber se esses textos irão necessariamente garantir a própria imortalidade? A autoria é uma noção fluida na rede, as dúvidas sobre quem terá sido o gerador de uma determinada idéia são bastante naturais, até porque cada comentário feito pelo autor recebe a contribuição de seus leitores. É comum que um comentário que seja lançado na rede ganhe rápido acesso de outras pessoas e que ninguém jamais consiga saber exatamente quem foi o autor original. O texto pode ser mencionado em outros blogs ou copiado sem que se identifique o autor e, eventualmente, poderá ser reescrito por outros autores, refeito, modificado. Isso significa que a autoria e, conseqüentemente, a lembrança de quem escreveu o texto fica bastante difusa — é mais fácil o público se lembrar da idéia em si do que de seu autor. Então, o desejo de alcançar a imortalidade através da memória dos outros se perde porque o texto, embora permaneça, deixa de estar relacionado ao seu autor.

A imortalidade através da escrita não depende apenas de um bom texto; ela tem também um pouco do tom despreocupado dos grandes gênios. Quem escreve um texto atemporal — interessante a todas as épocas e fases históricas — é, de certa forma, incapaz de, no seu tempo, saber que está realizando uma obra-prima que virá a garantir sua imortalidade. Jorge Luis Borges, em seu conto O *imortal*, mostra como os animais, ao contrário dos homens, são imortais, porque não têm consciência da sua mortalidade.

Porque o homem sabe que sua vida um dia vai terminar é que almeja a imortalidade. Tudo o que ele faz ou produz é impregnado de sentido, já que sabe que é mortal. Suas ações têm a conotação do irrecuperável, do que jamais poderá ser feito novamente. É por isso que um texto virtual, que pode ser mudado inúmeras vezes, sempre será refeito: porque, já que o autor vê nele a possibilidade de se tornar imortal, vai querer que ele seja escrito da melhor maneira possível. "O ponto crucial em questão é que o conhecimento da mortalidade significa, ao mesmo tempo, o conhecimento da possibilidade de imortalidade. Em conseqüência, não se pode estar ciente da mortalidade sem encarar a inevitabilidade da morte como uma afronta e uma indignidade, e sem pensar nas maneiras de corrigir o erro", explica Zygmund Bauman em O *mal-estar da pós-modernidade*.

Uma das maneiras de se "corrigir" esse problema é prolongar a vida por meio da escrita. O indivíduo pode não estar mais aqui, mas a sua escrita permanece, e é ela que irá garantir o prolongamento de sua vida e, quem sabe, sua posterior imortalidade. Mas se a escrita no blog, como vimos, é fluida, virtual e escapa ao seu autor, será que ela pode ainda exercer a função de um mecanismo para a imortalidade?

Para se sentir seguro, o autor acumulava seus pensamentos, seus gestos e suas opiniões numa folha de papel e, agora, numa página da *web*. A idéia de Bauman é de que todo esse acúmulo deixaria de fazer sentido se algum dia a idéia da morte fosse derrotada. Borges vai mais longe em sua ficção: numa cidade em que todos os habitantes são imortais, nada acontece apenas uma vez na vida dessas pessoas. Tudo pode ser pressagiado, previsto, porque numa vida infinita as situações inevitavelmente se repetem.

Se antes a estratégia usada para se manter inesquecível era engajar-se em movimentos maiores que garantissem a eternidade de um grupo, com o individualismo cada um começou a se envolver em seus próprios projetos. Alguns homens poderiam até permanecer na memória social de um grupo como indivíduos importantes, o que os levaria a ser imortais. Mas teriam dois grandes desafios a enfrentar: ser marcantes o suficiente para se fazer gravar na memória do grupo e vencer o peso do passar dos anos. Ou seja, permanecer de alguma maneira na memória humana em geral.

A dificuldade estava em ter de realizar um feito notável ou ser suficientemente dotado para conseguir um determinado destaque, e isso valia também para a escrita — era preciso escrever uma obra-prima para poder se destacar entre outros escritores. A internet franqueou a qualquer indivíduo a possibilidade de escrever para o público e de tentar, de uma forma ou de outra, tornar-se único naquilo que opina e faz. A questão, então, é: como deixar traços da própria existência num meio de comunicação em que todas as existências parecem tão iguais? O grande desafio do diarista virtual é conseguir se sobressair num ambiente em que a mesma possibilidade é dada a todos.

Bauman explica que uma das fórmulas da imortalidade individual baseia-se no fato da individualidade ser um privilégio de poucos. O falar de si foi, durante muito tempo, privilégio de uma minoria, de um pequeno grupo de indivíduos que possuía as condições de vida necessárias para investir em seu crescimento individual. Quando essa possibilidade passa a ser oferecida à coletividade, o resultado parece mais democrático, mas, paradoxalmente, as chances de imortalidade começam a se reduzir. Como se destacar em meio a essa multidão? Como tornar o discurso individual único o suficiente para ser lembrado e relacionado especificamente com o seu autor?

O computador "permite" a possibilidade de imortalidade, mas ao mesmo tempo iguala bastante os indivíduos. A partir do momento em que ele dá a todos a oportunidade de ser conhecidos e, quem sabe, de projetar suas memórias socialmente, extingue a noção original de "grandes homens" que fazia com que uma minoria se destacasse frente aos outros. Esses grandes homens que, outrora, precisavam se submeter a sacrifícios físicos e dedicar seu tempo ao estudo e à reflexão para que pudessem produzir grandes obras.[5]

Ter seus escritos registrados de alguma maneira e possuir ainda a chance de ser lido não são mais privilégios exclusivos de um grupo eleito, mas uma oportunidade que agora se estende a todos. Não é preciso talento nem criatividade. Basta

---

[5] O tempo que sufoca e as oportunidades dadas a todos, independentemente das convicções de cada um, tornam praticamente impossível o romance sem prazo, como a obra-prima de Proust que foi escrita durante toda uma vida, lida, relida e reescrita pelo autor uma série de vezes.

ter persistência. Quem escreve na internet tem de estar se atualizando sempre, mostrando que tem interesse por aquilo, dando retorno aos seus leitores. A troca com o público é uma das coisas mais importantes, é necessário responder aos seus comentários, se basear neles para escrever um novo texto. Estabelecer um diálogo com os leitores é a melhor maneira de se manter vivo em sua memória.

No escrito íntimo — como o diário na internet, em que vale a rapidez, a concisão e a compressão do tempo — é preciso buscar meios individuais muito criativos para não passar ao largo da memória alheia. É como se todos os que escrevem estivessem, de repente, em grande destaque e uma das coisas mais difíceis para cada um deles fosse fazer seu "solo" sobressair diante desses refletores.

A fixação na mente do leitor — esse Outro para quem escrevemos — se dá quando mostramos que somos também um pouco parecidos com ele. É dando a ele a sensação de que, quando está lendo sobre nós, lê sobre si mesmo. Como bem definiu Stella Cavalcanti numa entrevista: "Os blogs permitem que diferentes pessoas se conheçam melhor, nem que seja para a simples identificação. Todo mundo tem seus dias bons e ruins." O leitor precisa sentir que está tendo acesso a uma memória que também é a sua. Que quando o diarista constrói uma memória, ela é elaborada em conjunto com a dele. O escritor do blog tenta resgatar uma experiência, um momento, um sentimento compartilhado com o leitor na tentativa de fazer com que este não se esqueça dele — da mesma forma que não abandonaria a si mesmo.

Um dos principais problemas do individualismo é que costura o tecido da memória de uma maneira autônoma e usa "sempre os mesmos fios e um único e imutável trançado, o qual, por não conter os fios que o Outro tece, é irremediavelmente alienante", como explica Wander Miranda no livro *Corpos escritos*. Pela primeira vez, com o diário íntimo virtual, a presença desse Outro é reconhecida e reclamada. O tecido dessa memória individual só pode ser feito com a influência e a ajuda do Outro. Isso gera uma forma menos centralizada e alienante de memória. Por outro lado, se levada ao extremo, essa intenção de se submeter às exigências do Outro poderia resultar na perda da memória individual do autor.

Se o diarista virtual consegue convencer o leitor de que a memória daquilo que escreve pode ser compartilhada com ele, encontra a possibilidade de "prolongar a sua vida" através do Outro. No fundo, todos querem ler sobre si mesmos. Se o autor acha o ponto em que o leitor pode se ver refletido como num espelho, descobre uma maneira de se aproximar do mesmo, de criar um vínculo em comum. E aí estabelece uma relação com a memória desse Outro, mas por quanto tempo?

A questão é saber se o frágil fio que une essas duas memórias, o qual cria as lembranças em comum entre aquele que escreve e aquele que lê, poderá se sustentar sem se romper, principalmente se considerarmos o discurso da internet, criado e logo suplantado por tantos outros. Nenhum autor pode ter a certeza de que alcançou a imortalidade através do pensamento dos outros, mas pode terminar sua vida acreditando que se tornou, de uma forma ou de outra, imortal através de sua escrita. E se morre pensando assim, adquiriu a coisa mais importante: a crença em sua própria imortalidade.

CAPÍTULO IV A forma e o conteúdo da escrita do blog

Tecer os fios da memória, mesmo com a ajuda do outro, depende, no caso do diário íntimo, da maneira como se faz o escrito. A escrita do blog, embora pessoal e muitas vezes íntima, tem de ser pensada e repensada em função de vários fatores, entre eles o público. Os assuntos pessoais podem até ser externados, mas de maneira a interessar a um grupo. Por isso uma escrita hermética e demasiadamente subjetiva não é a melhor saída quando o meio é a internet.

Para manter o contato com o Outro, instituiu-se entre os blogueiros uma escrita mais informal, em tom de diálogo mesmo. A internet possibilita e exige uma escrita sem formalidades e, acima de tudo, fragmentária. O diarista virtual precisa escrever *posts* freqüentemente, daí o texto rápido e em cápsulas que, de certa forma, serve também para prender a atenção do leitor.

Com as novas exigências do meio virtual e do seu público, o escrito íntimo teve de sofrer algumas adaptações para se ambientar a esse novo quadro. O resultado foi, de certa forma, surpreendente. O texto volumoso, prolixo e confessional do diário tradicional dá lugar a um texto mais limpo, curto. Em muitos casos, isso significa um ganho de qualidade: o escrito íntimo se aproxima mais da crônica, do ensaio ou de uma boa ficção; em outros, acaba empobrecendo e superficializando o texto.

A passagem da folha de caderno para a tela do computador gerou uma série de mudanças na escrita íntima. Como veremos neste capítulo, cada blogueiro realizou essas mudanças de um modo muito particular. Por isso, no momento em que é preciso definir teoricamente esse novo tipo de escrito torna-se muito mais difícil em virtude das diferentes facetas que ele pode apresentar dependendo de seu autor.

O que pretendemos aqui é mostrar um pouco de cada um dos modos dessa nova escrita íntima. E, como a maioria dos diaristas virtuais manifesta o desejo de escrever um texto jornalístico, foi preciso realizar mais um grupo de entrevistas com um grupo de jornalistas que escrevem blogs para entender como esses profissionais preferem colocar seu texto no espaço virtual. Neste sentido, foram realizadas entrevistas com os jornalistas do jornal O Globo Elis Monteiro (do caderno *Informáticaetc* — www.elismonteiro.blogspot.com), Arnaldo Bloch (do *Segundo Caderno* — www.arnoch.blogspot.com), Joana Ribeiro e Gustavo Leitão (ambos do *Jornal de Bairros* — www.joanar.blogspot.com e www.chocolate.blogspot.com), Tom Leão (do *Rio Fanzine* — www.nacovadoleao.blogspot.com) e Cláudio Motta (do *Jornal de Bairros* — www.baticum.blogspot.com).

Enquanto os blogueiros manifestam um desejo de escrever como jornalistas, estes buscam uma escrita mais leve, menos informativa e mais ficcional do que aquela que realizam no seu dia-a-dia. Embora os dois grupos acreditem estar fazendo o que se propõem, a verdade é que os blogs acabam sendo um meio caminho entre a ficção e a informação, entre o jornalismo e o escrito íntimo, isso quando não misturam bastante uma coisa com a outra.

É essa situação híbrida — comum nos escritos íntimos em geral — que vai permanecer na escrita e na confecção do blog. E vai ser esta situação que vai pôr em dúvida a pretensão de alguns autores de se considerarem jornalistas e de tantos outros de se verem como escritores. Surge assim uma nova escrita construída a partir dos traços e da influência de outras — e isso faz com que ela seja única.

Por outro lado, por ser considerado um escrito íntimo, o blog esbarra numa série de preconceitos históricos relativos ao "gênero" — como chamaremos aqui o escrito íntimo, embora com algumas exceções. A condenação da subjetividade como meio de expressão e a acusação da autobiografia como um "gênero menor" são questões com as quais os blogueiros vão se deparar novamente — questões estas que os diaristas tradicionais já enfrentavam. Esses preconceitos existem entre os próprios blogueiros; talvez por isso um grande número deles rejeite a definição do blog como um diário íntimo.

A maioria dos blogueiros tenta manter um certo distanciamento, e tanto a tipografia como o texto fragmentário dos *posts* facilitam isso. Mas como é que o blogueiro poderá se distanciar se seu objetivo é, em última instância, veicular sua opinião pessoal sobre os assuntos a respeito dos quais escreve? Seu afastamento se torna possível pelo rosto que não se vê, pelo uso do pseudônimo, mas é rapidamente suplantado por um objetivo maior: a proximidade com o leitor.

É em busca dessa proximidade que ele tentará fazer do seu escrito uma leitura atraente para o público, ainda que para isso precise separar seu blog em pequenos fragmentos em que a informação se mistura — ou se alia — à subjetividade. O blog transforma-se então num grande quebra-cabeça que, ao ter as peças reunidas, revela a identidade daquele que o gerou.

O BLOG COMO RELATO JORNALÍSTICO

"Quanto mais perto eu chegava da escada, mais conseguia sentir o cheiro. Fumaça pode ter vários odores, mas esse era o tipo do cheiro que me dizia que algo estava muito errado — um odor ácido, afiado." Embora o relato acima — sobre o episódio nova-iorquino de 11 de setembro — pareça vir de um colunista de jornal, foi escrito por um blogueiro. O americano Bob Doyle, criador do blog The Fine Line (www.thefineline.org), que estava saindo de uma estação de metrô a dois quarteirões do World Trade Center, assistiu de perto à tragédia e resolveu então colocar em seu blog um relato sobre o atentado com algumas fotos tiradas por uma câmera digital.

Assim como ele, muitos outros blogueiros, inclusive brasileiros, precisaram desenvolver uma função de jornalistas nesse dia. Isso porque, após os atentados, os portais de notícias do Brasil e do mundo ficaram congestionados. A mídia tradicional se deparava com diversas dificuldades, os jornais ainda precisavam apurar as matérias e a televisão enfrentava problemas de transmissão. A internet, que normalmente teria sido o meio mais rápido de veicular as notícias, sofria com a impossibilidade de suportar as inúmeras tentativas de acesso. Ficou difícil para os usuários entrar nos principais *sites* de notícias, como a CNN, a MSN, a BBC, a Fox News e outros. As páginas dos *sites* se configuravam de uma maneira extremamente lenta.

Os diaristas virtuais, donos de suas páginas pessoais, tinham, pela primeira vez, a oportunidade de veicular uma notícia antes mesmo que os meios de comunicação tradicionais conseguissem fazê-lo. Mas transmitiriam essa notícia de uma forma diferente, impregnada de suas impressões, seus medos e seus comentários sobre o acontecimento. Cora Rónai, colunista e editora do caderno de informática do jornal *O Globo*, ficou impressionada com seus "novos colegas de profissão": "A tragédia americana demonstrou, claramente, mais bípedes narradores espalhados pelo mundo do que poderíamos imaginar só de ler jornais e revistas, ou assistindo à televisão. Eles não estão ligados a nenhuma empresa de comunicação e, na maioria das vezes, são jornalistas sem querer, ou mesmo sem saber." Muitas pessoas que nunca pensaram em colocar conteúdo jornalístico em seu *site* pessoal ficaram espantadas com o número de visitas recebidas por causa de um relato subjetivo de uma tragédia de interesse mundial.

Embora já existissem no universo dos blogs, esses "editores autônomos" conseguiram dar aos seus diários íntimos uma enorme relevância jornalística nessa situação. A brasileira Deborah Andrade, de apenas 19 anos, moradora de Nova York, tinha na época um diário pueril chamado Deb na Gringolândia (www.gringolândia.cjb.net). O blog, que era considerado pelos demais diaristas uma grande "bobagem de adolescente", conseguiu um número de acessos que nunca tinha tido nos dias anteriores ao atentado. De 147 *page views* no dia 10 de setembro, o número aumentou para 5.271 no dia 11 e, no dia seguinte, foi para 3.021. Deborah, que na época ficou impressionada com o sucesso de seu diário, já tinha uma teoria: "A internet é um dos melhores meios para informar as pessoas no mundo inteiro e em tempo real." Isso acabou se confirmando quando Pete Billison, presidente da *ELB Internet Services*, acionou o seu *site* pessoal para ajudar a veicular as notícias sobre o atentado. Criou um mecanismo de busca em sua página pessoal para que os cidadãos comuns pudessem cadastrar os nomes de pessoas desaparecidas ou verificar os nomes que já constavam na lista. Como era Billison que administrava sua página, foi difícil para ele não se envolver "pessoalmente" (ou virtualmente) com os resultados da busca. "É duro ver que a maioria dos visitantes não encontra seus parentes ou amigos (...) Fico feliz em saber que, pelo menos, uma pessoa tenha encontrado um amigo ou parente através do *site*", dizia numa entrevista para o caderno de informática do *Jornal do Brasil*. Enquanto isso, a mídia tradicional ainda enfrentava dificuldades, e só uma semana depois a rede de televisão CNN conseguiu criar em seu *site* (www.cnn.com) algo parecido ao que Billison já havia feito, só que desta vez incluía fotos dos desaparecidos. A tecnologia e a qualidade sem dúvida eram melhores, mas a quantidade de acessos tornava a configuração da página lenta e difícil.

Quase um ano depois, o jornal britânico *The Guardian* contratou um blogueiro iraquiano para escrever sobre o dia-a-dia em Bagdá. Uma maneira de fazer uma cobertura *on-line* da guerra. Agora não é mais o blogueiro que procura o meio de comunicação — o próprio jornal começa a ver a internet como fonte de informação. Usando o pseudônimo Salam Pax, o blogueiro iraquiano estreou sua coluna no início de junho de 2003. (www.dear_raed.blogspot.com) O nome Salam (paz em árabe), que faz parte também do nome verdadeiro do blogueiro, é mais um exemplo do uso de identidades mascaradas na internet.*

Essa situação vem confirmar mais uma vez as conclusões de Cora Rónai quando diz que muitos blogueiros viraram ou estão virando jornalistas sem saber. Esse é um desejo da grande maioria dos diaristas virtuais que, como veremos adiante,

---

*Os textos publicados no blog de Salam Pax foram reunidos em livro, publicado no Brasil em 2003, sob o título *O blog de Bagdá* (Companhia das Letras). (N. do E.)

sonha em poder exercer a função de jornalista — ou colunista, mais especificamente — sem ter de sofrer as agruras de ter o texto cortado ou reescrito por um editor. O objetivo de uma grande parte dos blogueiros é o de funcionar como formadores de opinião. De fato, muito do que se escreve em alguns blogs tem o potencial de crônica ou de ficção. Para que o diarista virtual realize esse potencial é fundamental que ele assuma e desenvolva o teor de seu blog. É necessário que haja autenticidade na escrita pessoal do blogueiro — seja ele o autor de um blog confessional, ficcional ou jornalístico. E é esse estilo individual que vai, a princípio, determinar a qualidade do seu texto e a influência que ele poderá vir a exercer sobre o leitor.

De qualquer forma, os diferentes "estilos de blog" não são estanques, e a tendência é que, com o tempo e o amadurecimento do diarista, eles comecem a se misturar cada vez mais até que se chegue a um tom totalmente específico e pessoal de escrita. O diarista virtual Sérgio Faria é um dos blogueiros mais respeitados pelo grupo. Isso porque Sérgio, além de ser um dos pioneiros no gênero — tem um blog desde janeiro de 2001 —, escreve de uma maneira clara embora subjetiva — provavelmente por ser redator de publicidade —, e foi o primeiro a dar um "furo" jornalístico no universo blogueiro. Em maio de 2001, quando o então senador Antônio Carlos Magalhães renunciou ao mandato, o blog de Sérgio, Catarro Verde (www.catarro.blogspot.com), noticiou em primeira mão que o discurso proferido por ACM tinha sido plagiado de um antigo discurso do ex-senador Afonso Arinos.

O plágio só veio à tona por causa de um *hobby* de Sérgio que funciona como uma fonte de pesquisa: "Como gosto de colecionar documentos sonoros, entre eles o discurso do ACM, tinha certeza que já tinha ouvido aquilo em algum lugar. Procurei nos meus arquivos e na internet, encontrei o original e coloquei no blog." A notícia acabou sendo veiculada pelos principais jornais do Brasil. Finalmente um representante dos blogueiros brasileiros ganhava as páginas dos jornais. Sérgio passou a ser cultuado por seus semelhantes: ele conseguira o que muitos tinham vontade de conquistar. Misturando suas preferências pessoais, seu *hobby* de colecionar discursos e fazendo um texto próprio, ele conseguiu atrair a atenção dos leitores e, o que é mais importante, dos jornalistas.*

A teoria de Sérgio sobre o *boom* dessa nova e estranha forma de escrita íntima é que "essa onda surgiu da vontade de fazer algo independente das corporações, algo pessoal, de autor". Mas se essa é a idéia original, por que será que os blogueiros fazem tanta questão de terem leitores e de saírem nas páginas dos jornais? O blog é, de fato, uma mídia independente das grandes corporações, mas que reclama um espaço nelas.

A pretensão confessa de Sérgio — e não-confessa em tantos outros diaristas virtuais — é de que faz um "*site* de autor". Ou seja, deseja ser um cronista ou um romancista. Escreve todos os dias por um "vício-prazeroso" (usando suas próprias palavras) e se alimenta do *feedback* dos leitores, elemento fundamental, como veremos, para o trabalho desses blogueiros e, principalmente, para a manutenção dos blogs. A principal reclamação da maioria dos diaristas virtuais é que, no Brasil, o corporativismo exige que o autor tenha um diploma para que possa atuar no jornal, no rádio, na televisão e nas editoras de livros. Essa idéia é bastante errônea, já que o que se observa é que os profissionais de outras áreas freqüen-

---

*Depois descobriu-se que o plágio tinha sido descoberto por um jornalista, não pelo blogueiro.

temente conseguem espaço nos jornais. Se o profissional tem um bom texto, geralmente é chamado a contribuir com um artigo, uma matéria e até uma coluna. Diretores de teatro, arquitetos, designers e literatos possuem colunas nos jornais e os fatores determinantes disso são, em muitos casos, o bom texto e o talento; em outros, ser uma figura pública talvez seja o único predicado necessário.

Além do desejo de escreverem como colunistas, um dos problemas enfrentados pelos diaristas virtuais é o fato de eles brigarem com o seu próprio estilo de texto e de considerarem a classificação de "escrito íntimo" — uma das possíveis classificações dadas ao blog — como uma desqualificação do gênero. Esse é um preconceito que o escrito íntimo vem enfrentando há vários anos entre os críticos literários e por isso, de certa forma, é impensável que seja perpetuado — mesmo que em parte — entre os praticantes do gênero na contemporaneidade. Os escritores que no passado enfrentaram dificuldades para publicar seus diários, por estes serem considerados como um "gênero literário" menor, nunca imaginariam que os atuais praticantes do escrito íntimo — agora com um sabor contemporâneo — fossem sofrer esses mesmos preconceitos. Só que, desta vez, não pela crítica literária, mas por causa de suas próprias exigências.

DIÁRIO VIRTUAL: UM NOVO TIPO DE ESCRITA

Em uma entrevista realizada pela *Revista da Folha*, o blogueiro José Vicente dos Santos, estudante de direito e responsável pelo já extinto blog Evasão de Privacidade (www.desembucha.com/privacidade), mostra publicamente suas restrições quanto a um determinado tipo de blog — o confessional, que é o que mais se aproxima do diário íntimo tradicional. "Há blogs que cuidam do visual acima de tudo, em regra feitos por designers; outros, com bons textos, são de redatores ou publicitários. E há o tipo clássico — um 'mané', sem maiores cuidados, rascunha porcarias íntimas para sabe-se lá quem for." Para a maioria dos diaristas virtuais, a qualidade do texto está ligada à sua qualidade técnica ou informativa. Cada vez que o blog resvala para o lado confessional, acaba sendo considerado de baixa qualidade. De fato, esse preconceito é antigo e sua origem é quase histórica: vem do fato de a crítica literária considerar o escrito íntimo um escrito inferior. A afirmação categórica de José Vicente mostra que, mesmo depois de todo o trabalho de alguns críticos literários para provar o contrário — Philippe Lejeune é um exemplo —, o preconceito hoje volta a aparecer baseado, ainda, na idéia de que o diário íntimo é uma bobagem de um escritor imaturo.

As opiniões dos diaristas são as mais variadas possíveis, mas existe por parte dos autores de diários virtuais não abertamente íntimos uma certa indisposição em relação àqueles que são, confessadamente, diários íntimos. Sérgio Faria, por exemplo, acha que o blog surgiu primeiramente como um diário pessoal, "mas já rompeu essa *limitação*". Admite que o Catarro Verde "ultrapassa o *mero* conceito de diário pessoal, mas não o abandona". A dificuldade de ver no diário íntimo — e no blog que segue este modelo — um documento interessante ainda é enorme na avaliação dos críticos, do público e dos próprios blogueiros.

A típica resistência dos críticos literários em relação ao escrito íntimo acabou passando para os próprios leitores e diaristas. Ela também se reflete no escrito íntimo virtual de uma nova maneira: os próprios blogueiros não aceitam que seus semelhantes usem a mesma mídia para criar um diário de caráter confessional, pessoal. Em sua entrevista, o blogueiro Edney Soares de Souza registra sua desaprovação à definição recorrente do blog: "Em primeiro lugar, esqueça o blog como um diário pessoal! Isso é o que a mídia mais falou até agora, porém é aquilo que os blogueiros mais rejeitam: O rótulo de diário! O encanto do blog é ter a sua própria publicação, dar a sua opinião, palpite, pitaco etc." Edney acredita que a maior qualidade do blog é o fato de ir além da mídia de massa. Para ele, a mídia tem um compromisso com a venda e, por isso, procura generalizar assuntos, enquanto o blog é um espaço aberto, público e gratuito. "Quem usa o blog somente como um diário não passa de um mês 'blogando', desiste logo. A vida de ninguém é interessante o suficiente para tomar tanto tempo assim, é preciso intercalar com o resto do mundo, o blog não é umbigo virtual de ninguém."

O desabafo de Edney mostra alguns pontos interessantes. Um deles é que para um determinado grupo de blogueiros, é extremamente desagradável — chegando a ser quase um insulto — ser chamado de diarista virtual. Um blog de alguém que fale de si mesmo o tempo todo é considerado, de certa forma, "narcisista". Outra observação importante é de que a principal idéia do blog é tentar ultrapassar a mídia tradicional que, segundo Edney, faz uma "generalização" burra ao negar espaço para que outras pessoas — que não aquelas que já aparecem na mídia — possam dar suas opiniões sobre determinados assuntos.

Por um lado, Edney está certo. O blog — e a internet de um modo geral — abre espaço para que várias pessoas escrevam, é mais democrático, e quando abre para um maior número de pessoas segmenta mais do que generaliza. Por outro lado, ele faz uma leitura errada de alguns pontos delicados, relativos não só à escrita íntima virtual, como também à tradicional. Será que o diário pessoal é realmente um "umbigo virtual"? Tudo depende dos assuntos e da maneira como o autor escreve. Dar as suas "opiniões" e "pitacos" também é uma forma de falar de si mesmo e de fazer um escrito pessoal. A vida dessas pessoas desconhecidas é considerada por ele desinteressante e as opiniões que possam vir delas ou dele não? Será que o blog é realmente tão democrático quanto parece? Na verdade, ele também tem algumas limitações, como o tamanho do texto e a influência da opinião dos leitores.

O mais importante aqui é entender por que alguns autores têm horror a ter o seu blog classificado como diário virtual. De uma forma ou de outra, esse é o mesmo preconceito desenvolvido historicamente, relativo justamente ao gênero autobiográfico,[1] o gerador do diário íntimo. O desprezo desses novos diaristas pelo escrito íntimo faz lembrar a resistência de Ferdinand Brunetière pela autobiografia no século XIX. Em seu artigo intitulado A literatura pessoal (*La littérature personelle*), escrito na *Revue des deux mondes*, o crítico via dois problemas no escrito autobiográfico: como documento histórico ou psicológico ele não servia para grande coisa, o autor estava "contaminado" por uma espécie de "cegueira" sobre si mesmo alimentada pela banalidade, pelo orgulho e pela falta de sinceridade; como arte (ou seja, como ficção) ele colocava tudo a perder. Esse escrito só conseguia lugar na poesia lírica, na qual a profusão de "eus" era suportável. A biografia — e de chofre o diário íntimo — era considerada

---

[1] O uso da palavra gênero para classificar o diário íntimo é bastante discutível pelos críticos de literatura. A definição de gênero é um dos pontos da discussão que embalou o desprezo pela autobiografia. Veremos mais tarde neste mesmo capítulo que o blog, assim como o diário, é um tipo de escritura do eu.

um gênero perdido na corda bamba entre a ficção e o documento, e essa "indefinição", segundo Brunetière, fazia dela um mau gênero.

A primeira evidência com a chegada do século XX é que a autobiografia mudou sua própria estrutura, e as práticas intermediárias entre a ficção, o escrito íntimo e o documento se desenvolveram ou geraram a criação de alguns híbridos. De certa forma, todo o preconceito que a crítica literária havia desenvolvido quanto aos escritos íntimos em geral, e quanto aos diários, em particular, foi se dissipando com o estudo de alguns diários íntimos em especial. Os grandes escritores foram os primeiros a mostrar que o escrito íntimo podia ter uma qualidade se não superior, pelo menos equivalente à da ficção e à do documento.

Mas este não foi um mérito só deles: escritores anônimos se tornaram também capazes de criar um diário íntimo de qualidade literária. Em seu livro *Le moi de demoiselles*, Philippe Lejeune estudou alguns diários de moças do século XIX. Em sua maioria eles eram misteriosos, elípticos, mostravam uma escrita feita de si para si. Num universo de mulheres "reprimidas", para usar a expressão de Lejeune, esses diários eram um escrito de meias palavras, de muitos silêncios e poucas revelações. Entre vários desses escritos, Lejeune destaca particularmente o diário de Amélie, uma jovem que gostava de escrever e que o fazia muito bem, de uma tal forma que seu diário pode ser lido como um romance. Ao mesmo tempo que é possível ver sua vida passar, descobre-se nele ainda a cartografia de uma cidade (Strausburg), a situação de uma classe social e a descrição de uma época. "É o que há de marcante, esse equilíbrio que ela estabelece entre o seu ponto de vista e o espetáculo do mundo. E sua arte de explicitá-lo (...) O diário de Amélie foi feito para ser pego por outra pessoa. Ela pensava num leitor. Ela pensava em nós. E o que ela não ousa dizer deixa facilmente adivinhar."

No entanto, nesse diário nada é calculado, nada é obrigatório, tudo é espontâneo. O ritmo da escrita de Amélie acompanha o ritmo dos dias, lentamente, permite repetições, mas tem a qualidade do texto de uma romancista. O exemplo, tirado de uma época tão distante, prova que um diário íntimo e feminino — duas palavras que com certeza desagradariam a Brunetière — pode vir a alcançar valor literário.

Se recentemente os autores anônimos que escreveram sobre o atentado de 11 de setembro provaram que o diário íntimo pode ser mais do que uma "fofoca subjetiva", alguns escritores mostraram que seus escritos íntimos poderiam figurar entre suas (melhores) obras. Um deles foi Michel Leiris, que teve um diário mantido em segredo durante toda a vida. Depois de sua morte, os cadernos acabaram sendo publicados e pôde-se então perceber a "dupla contaminação": suas obras tinham muito do diário e vice-versa. Isso porque Leiris usou esse espaço íntimo como um ateliê de escrita, um lugar de ensaio, um caderno de esboços, de croquis. Lá está tudo misturado: o processo criativo e a vida cotidiana, a glória da ficção e a miséria das pequenas coisas. O diário depois acabou sendo usado como material de pesquisa para a criação de *La règle du jeu*, o que prova que seus escritos íntimos tinham qualidade suficiente para que pudessem servir de base para um romance.

Podemos citar ainda como exemplo a autobiografia (baseada nos diários) de Simone de Beauvoir (*Mémoires d'une jeune fille rangée*), a qual foi durante algum tempo objeto de uma discussão sobre sua classificação como uma autobiografia ou uma memória. A principal diferença que a crítica literária faz entre as duas classificações é que, nas memórias, a ênfase dada aos acontecimentos contemporâneos ao escritor é geralmente maior do que aquela dada à personalidade do autor. As memórias falam mais daquilo que se viu e se entendeu dos fatos, enquanto a autobiografia é uma descrição da pessoa que o autor era na época. Beauvoir teve o seu diário classificado como uma memória, o que mostra que ele se aproxima muito mais de um documento de uma época do que de um escrito subjetivo. Atualmente, no entanto, essas pequenas diferenciações entre um escrito e outro que a crítica literária — principalmente a francesa — tanto fez questão de frisar ficaram cada vez mais difíceis de serem detectadas. Com o tempo, os gêneros foram se modificando, se contaminando e se tornando híbridos.

A *Mémoires d'une jeune fille rangée* se seguiu *La force d'âge*, que mostrava um período mais maduro da vida de Beauvoir. Os dois volumes misturavam lembranças a cenas de acontecimentos contemporâneos. No primeiro, ela traça a paisagem intelectual do seu tempo, e no segundo conta o período de ocupação e liberação de Paris. Tudo isso centrado em fatos de sua própria vida. Ela conta suas dúvidas, suas mudanças e oscilações de humor, é um retrato de si mesma, mas o retrato de Beauvoir é também o da Paris de sua época e da intelectualidade de seu tempo, porque vivia tudo aquilo e participava também.

Para escrever suas memórias, Beauvoir confessa que precisou se debruçar sobre seus diários íntimos, presentes o tempo todo em sua vida. "Durante horas, lendo velhos diários, eu me prendia a um presente pesado de um certo vir a ser, transformado num passo desde muito tempo ultrapassado: era desconcertante", explica em *La force des choses*. O material era rico: desde os 17 anos Simone de Beauvoir escrevia diários e eles se tornavam mais freqüentes nos períodos mais dolorosos de sua vida. Os diários serviram como "material de pesquisa" para o seu livro, auxiliares de memória — em alguns momentos, surgem transcrições inteiras de alguns trechos. Num desses trechos, quase um documento, Beauvoir mostra como observou a invasão da Polônia pela Alemanha:

> *"10 horas da manhã. O jornal expõe as reivindicações de guerra de Hitler. Nenhum comentário; não se sublinha o caráter inquietante das notícias, não se fala também de esperança. Eu vou para perto do Dome sem obras, incerta. Pouca gente. Eu apenas pedi um café e logo um garçom anuncia: 'Eles declararam guerra à Polônia.' É um cliente no interior do café, que tem o Paris-Midi. (...) Eu reencontro Sartre, eu o acompanho à Passy... Eu não penso em nada. Estou estupefata."*

As palavras (Les mots), de Jean-Paul Sartre, é um dos melhores exemplos de que o escrito íntimo está longe de ser um "gênero inferior". O relato sobre a infância passada numa parte em Meudon e outra em Paris, na rua Le Goff, dividida entre um pai ausente e um avô superprotetor (a figura forte de Charles Schweitzer), é mais uma ode à influência mágica das palavras e dos livros na vida do escritor do que propriamente um convencional relato autobiográfico. *As palavras* foi escrito com tal sofisticação e estilo que acabou sendo considerado por muitos críticos literários uma das melhores obras de Sartre. Seu gênero permanece inclassificável: oscila entre o romance, a autobiografia e o ensaio, sem deixar a desejar a nenhum deles. Em todo caso, está longe de ser uma trucagem, uma falsificação — é um escrito íntimo verdadeiro num estilo único, quase um ensaio sobre a autobiografia: uma autocrítica.

Ali Sartre declara seu amor pelas palavras. Seja abertamente, quando descreve as horas que passa debruçado sobre os livros na biblioteca do seu avô, quando nem sequer entendia as palavras que estava lendo, seja indiretamente, através dos trechos em que as utiliza em metáforas e figuras de linguagem com a desenvoltura de um mestre. "Deitado sobre o tapete, empreendi áridas viagens através de Fontenelle, Aristófanes, Rabelais: as frases resistiam-me à maneira das coisas; cumpria observá-las, rodeá-las, fingir que me afastava e retornar subitamente a elas de modo a surpreendê-las desprevenidas: na maioria das vezes, guardavam o seu segredo." No mesmo livro, ele fala um pouco da situação do seu país, de sua família, de sua classe social, de religião, de literatura e do comportamento daquele tempo.

Em vários momentos, Sartre faz observações interessantíssimas sobre alguns escritores. Os comentários misturam as características psicológicas que atribui a cada autor com a aparência física dos livros. "Corneille era gordo rubicundo, rugoso, com lombada de couro, que cheirava a cola (...) Flaubert era um pimpolho guarnecido de rendas, inodoro, pontilhado de sardas. Victor Hugo, o múltiplo, aninhava-se em todas as prateleiras." E ainda consegue fazer confissões e autocríticas de uma maneira que somente um escritor com a devida maturidade e distanciamento é capaz de fazer. "Virtuoso por comédia, nunca me esforço nem me obrigo: invento. Disponho da liberdade principesca do ator que mantém seu público de respiração suspensa e rebusca seu papel; adoram-me, portanto sou adorável."

A maturidade de linguagem obtida por Sartre se dá pelo fato, principalmente, de ser um grande escritor, mas também por estar numa idade adiantada lançando um olhar crítico para um passado distante. Burilar, consertar e reescrever são habilidades adquiridas com a maturidade, e o que observamos em alguns blogs confessionais é que o computador, pelos meios que oferece para melhorar o texto, trouxe de volta para as pessoas de "idade madura" o gosto pela escrita íntima. O diário pessoal — tanto na forma tradicional como na virtual — não é privilégio apenas da adolescência — ele é praticado também na idade adulta.

No grupo em que foi realizada a pesquisa de campo, observou-se que a maioria dos "blogueiros" não é composta de adolescentes, mas sim de adultos. A maioria deles já ultrapassou o período universitário, ou seja, tem mais de 25 anos, e uma grande parte tem entre 30 e 40 anos. Ao contrário do que se poderia pensar, essa geração saiu da escrita no caderno e domina bem a técnica de confecção dos blogs e páginas pessoais, além de usar uma linguagem extremamente condizente com a informalidade da internet.

A "blogueira" Marina, responsável pelo Blowg (www.blowg.blogspot.com), tem em torno de 40 anos e é um exemplo de como um diário virtual pessoal pode ter qualidade de estilo se unir maturidade de escrita a um senso crítico. Marina não tem a menor vergonha de reconhecer que o seu blog tem um estilo confessional. O seu desejo é que o seu blog fosse parecido com o que Virginia Woolf esperava que fossem os seus diários:

> "Algo livremente entrelaçado e, no entanto, não desleixado, tão elástico que irá conter todo o tipo de coisa, solene, sutil e bela, que me venha à cabeça. Me agradaria que se assemelhasse a uma velha escrivaninha funda, ou a uma espaçosa mochila, onde a gente joga uma grande quantidade de miudezas sem nem um critério sequer. Me agradaria voltar a ele, depois de 1 ou 2 anos e descobrir que esse conjunto organizou-se por si mesmo, apurou-se e fundiu-se."

De uma certa forma Marina conseguiu, seu diário é uma mistura natural de crônica e opiniões pessoais, vida e notícia, pontuado por um estilo bastante próprio. É possível saber o que ela comeu no jantar, o que viu e apreendeu dos últimos acontecimentos do mundo, a última viagem que fez e, principalmente, os filmes que viu no cinema e em vídeo com críticas bastante aguçadas a respeito.

O blog de Marina é uma leitura para quem gosta de literatura, de arte, cinema, mas também para quem quer ler um bom texto, uma pensata sobre alguma questão contemporânea ou ver uma reflexão sobre alguma notícia de jornal. O tempo todo ela mistura o que está acontecendo no mundo com as suas impressões pessoais. Aqui está um trecho no qual, depois de refletir sobre a incapacidade das pessoas de se concentrarem e atribuir isso à excessiva oferta de informação pelos meios de comunicação, ela faz *mea culpa* e atesta que também é uma dessas pessoas:

> *"Não consigo ver o JN, simplesmente não consigo prestar atenção no que eles dizem. (...) meu corpo fica em frente à tevê, mas minha cabeça viaja pra um planeta distante. (...) Mas hoje (acho que) foi no JN que vi os sem-teto apanhando de homens uniformizados. Alguns foram presos. O governo trata casos sociais como se fossem casos de polícia."*

Assim como Sérgio Faria, Marina escreve no seu blog sobre o seu maior *hobby*, o cinema. Ela usa o diário para lembrar de filmes, antigos e novos, situações com artistas e para misturar suas próprias críticas e comentários aos dos críticos de jornais e revistas. A segmentação, feita para atrair um público leitor interessado em cinema, é quase a mesma do jornal. No entanto, é como se as notícias recebessem um toque mais pessoal.

O MOVIMENTO EM VIA DUPLA: BLOGUEIROS QUE SE VÊEM JORNALISTAS E JORNALISTAS QUE SE VÊEM FICCIONISTAS

Uma explanação histórica sobre o escrito íntimo foi necessária para que pudéssemos entender que preconceitos contra a escrita íntima já existiam, que um longo caminho foi percorrido pela crítica literária para aplacá-los, e por que eles voltaram. Pudemos observar que quase todos os elementos tidos como "uma limitação" para a autobiografia no século XIX voltaram a ser evocados em relação ao diário íntimo virtual em pleno século XXI.

O escrito íntimo, confessional, pessoal é considerado de baixa qualidade por grande parte dos blogueiros. Que caminho eles propõem como saída para esta "limitação"? Funcionarem como uma espécie de cronistas da vida cotidiana. Mas para eles não basta apenas colocarem suas opiniões, é preciso que elas sejam lidas, admiradas e comentadas, como as dos colunistas de jornais. "Meu sonho sempre foi ter uma coluna no jornal, pra dar minha opinião sobre as coisas, hehe (*sic*), então eu considero que meu blog é a minha coluna. A filosofia do blog é escrever diariamente. O Nemo Nox costuma dizer que 'blog desatualizado é blog abandonado'", explica a "blogueira" Marina. A internet é o meio que irá proporcionar essa ampla propagação de aspirantes ao colunismo e a possibilidade de colocá-los em contato com o público e de escrever diariamente.

No entanto, muitos vão esbarrar em dois problemas vividos também pelos colunistas de jornal: a concorrência e as críticas. O número de blogs se torna cada vez maior na internet. Para que o diarista virtual mantenha seus leitores é preciso que, antes de se pretender noticioso, o blog seja bem escrito e consiga o seu nicho de público. Alguns aglutinam os leitores por segmento de interesse como num jornal: falam de cinema, de teatro, de política ou de arte. Muitas vezes tratam de assuntos referentes aos segmentos profissionais, o que é uma maneira de colocar em um espaço público as opiniões que muitos autores não têm a oportunidade de expor no ambiente de trabalho. Com isso, os diaristas podem esbarrar num leitor muitas vezes exigente, que nem sempre vai fazer comentários afirmativos e que pode colocar por terra uma teoria mal desenvolvida, um comentário mal fundamentado. Conviver com esse leitor e agradá-lo — porque muitos autores se importam com o número de visitas que recebem — é a parte mais difícil de se escrever um blog.

Os blogueiros acreditam que há algumas vantagens no escrito virtual. A principal é a liberdade de escrita: "Num blog você é o seu *publisher*, seu editor, não há censura, restrição ou imposição de espécie alguma para você manifestar seus pensamentos e opiniões. Eu escolhi a linguagem do meu blog, inclusive, nele mando eu", diz Sérgio Faria do Catarro Verde. Essa liberdade, tão almejada pelos blogueiros, é a mesma que os jornalistas desejam. E alguns colunistas podem até tê-la. Mas ela será, de qualquer forma, cerceada, burilada de uma maneira ou de outra pelas exigências não mais de um editor, mas de um leitor. Não se pode falar tudo o que se quer sempre. O público-alvo vai determinar o que "deve" ser escrito. Na internet, se o assunto não agrada, se as opiniões são mal colocadas, o leitor pára de acessar o blog e a sua sobrevida diminui.

Além do desejo de ser colunista, existe outro ainda mais ambicioso: o de ser escritor. O blogueiro Victor Carbone explica que nunca teve mais de um blog, mas caso tivesse um outro, esse seria literário. "Tenho o hábito de sempre inventar quando estou escrevendo. É natural em mim... Seria um blog contando os fatos da vida de um personagem. Uma leitura linear, compondo uma história... Uma espécie de romance... Um *Diário de Bridget Jones* na internet. Fantasia pura." Os poemas, contos e ficções produzidos em grandes quantidades por aspirantes a escritores abarrotam os diários íntimos virtuais. É uma oportunidade de se insurgir contra o sistema editorial em que alguém recebe os escritos, faz uma seleção inicial e depois encaminha os que têm melhor qualidade para serem publicados. O blog surge como uma maneira de escapar do que os diaristas chamam de "burocracia" dessa pré-seleção para entrar em contato direto com o público e ter o gostinho de saber como seria se esse público gostasse do que está sendo escrito.

Alguns blogueiros funcionam como repórteres múltiplos e procuram se exercitar em vários tipos de texto. É como se fragmentassem suas áreas de interesse e tivessem opiniões, considerações e textos para editar sobre os mais variados domínios e assuntos. Edney Soares de Souza nunca teve um diário tradicional, no caderno, mas desde cedo começou a acumular em folhas soltas escritos íntimos sobre o seu cotidiano em forma de verso. Foi esse estilo, um pouco "fragmentário", que Edney levou para o seu primeiro *site* pessoal, criado em 1997, e que depois teve o seu conteúdo transferido para o blog www.interney.net/meuspoemas.php.

A poesia é apenas um dos *hobbies* de Edney, mas ele tem outros como, por exemplo, o futebol. Para falar do assunto, ele se juntou a um grupo de interessados pelo mesmo tema e criou o www.stimpy.com.br/showdebola/arquibancada. O Arquibancada é apenas um dos três blogs coletivos de que ele participa com amigos ou pessoas com quem tem interesses afins; www.interney.net/downloads.php e www.interney.net/empregos.php são os outros dois: o primeiro explica como usar ferramentas na internet e o último oferece um serviço de *links* e *sites* de currículos e consulta de vagas. Essa onipresença se manifesta por uma ansiedade de querer abarcar todos os assuntos que lhe parecem interessantes e de estar presente nas decisões e escolhas de diferentes leitores. É uma tentativa de atingir vários "públicos-alvo".

Na tentativa de colunismo, um dos exemplos mais interessantes de sucesso entre os blogueiros é o do Jackie Miller (www.jackiemiller.blogspot.com). O pseudônimo esconde a identidade de alguém de sexo "indefinido" que usa o seu próprio blog para fazer comentários sobre outros blogs: um(a) colunista que tece observações sobre o cotidiano da comunidade "blogueira". O autor critica, faz uma leitura e interpreta o que cada diarista virtual escreve no seu blog. A idéia aguçou a vaidade e a percepção dos blogueiros, e a rede de relações que formava essa comunidade se voltou para esse novo personagem. Quem ousava criticar e comentar os outros blogs? Que autoridade tinha para isso? Nenhuma, exceto a de ser o(a) primeiro(a) diarista virtual a ter a idéia de que poderia se tornar um colunista de sucesso entre esses diaristas virtuais se se dispusesse a comentar com cuidado cada um dos mundinhos pessoais.

Jackie Miller funcionou (no período em que esteve na rede) como um espelho para esses blogueiros, era alguém do próprio *métier* que se dispunha a avaliar o trabalho deles. Por mais que essa "atitude arrogante" causasse uma certa resistência, provocava também muita atração. Alguém finalmente se dedicava a colocar os holofotes sobre os blogueiros, discutir suas dores, conquistas e opiniões — muitas vezes falhas — sobre os assuntos. Isso causava um misto de curiosidade e, principalmente, vaidade. Durante muito tempo, Jackie separou um espaço no lado esquerdo do *site* para fazer uma lista dos dez melhores blogs e dos dez piores. Surgia, então, uma competição velada por quem seria o próximo a ocupar o topo da primeira lista.

Prudentemente protegida por um pseudônimo, Jackie passeava pelos outros blogs acompanhando de perto as vidas dessas pessoas e comentando sobre elas. Aqui estão exemplos de alguns de seus *posts*: "O sem tempo Sergio Faria lista suas pendências", "Rogério Moraes já viu o *Senhor dos Anéis* duas vezes e promete ver mais 98...", "Pedro, o *pop*, volta a escrever seu blog depois de alguns meses de jejum total". A fórmula para virar um colunista na comunidade "blogueira" havia sido desvendada: Jackie Miller funcionava como aquele(a) colunista "provinciano(a)" que, no jornal da cidadezinha, fala do vestido usado na missa pela filha do prefeito. Para conseguir ser lido por essa comunidade, era preciso fazer parte dela e conhecer cada um dos blogs e seus autores como um jornaleiro conhece as casas da rua onde faz a entrega dos jornais.

Falar de cada "blogueiro" com uma certa "pessoalidade" era o que faria desse colunista da "comunidade" alguém respeitado. Como a maioria dos diaristas virtuais é "anônima" (no sentido de não serem conhecidos publicamente), é importante para eles que sejam conhecidos pelo menos dentro do seu próprio *métier*. Ninguém gosta de ser anônimo. As pessoas preferem ser conhecidas pelo menos nos lugares que vão sempre. Jackie Miller torna esses "blogueiros" conhecidos dentro do meio em que circulam. "Por que as pessoas adoram isso? Porque dá a elas a impressão de existir", sugere Philippe Lejeune. A atenção dada pelo(a) colunista é suficiente para que cada um se veja como um caso particular.

Jackie Miller também soube ter o distanciamento necessário para observar de fora as pequenas redes de amizades entre os "blogueiros" e comentar todas elas como se formassem uma rede única. Aparentemente Jackie não faz parte de nenhum grupo, e por isso pode falar de todos com alguma "isenção" ou "imparcialidade". Por conta disso, o(a) colunista conseguiu, então, realizar o sonho de vários "blogueiros". Depois de algum tempo comentando na internet, passou para o jornal impresso. O *Jornal do Brasil* concedeu a ela (ele) uma coluna no caderno de informática, mas, para escrever no jornal, Jackie precisou abrir mão dos comentários que fazia na internet e encerrar seu blog. De alguma forma, ela (ele) se institucionalizou. E, ao se tornar parte de um meio de comunicação institucionalizado e se dirigir para um novo público, Jackie precisou também mudar o discurso e os comentários direcionados que haviam sido tão importantes para que se mantivesse na internet.

Enquanto os diaristas virtuais se esforçam para conseguir se transformar em possíveis formadores de opinião como os jornalistas e colunistas, os jornalistas encontram na "confecção" dos blogs uma maneira de fugir um pouco das obrigações da profissão. Um grupo considerável de repórteres, que usa o texto noticioso no seu dia-a-dia de trabalho, resolveu levar para seus diários virtuais a escrita íntima, o conto e o romance. Desenvolvem no blog a escrita de "lazer", não-noticiosa, pessoal. "O blog me ajudou a perder a vergonha de que outras pessoas lessem meus textos não-jornalísticos. Hoje, já não me censuro", diz a jornalista Joana Ribeiro. Repórter do *Jornal de Bairros* do *O Globo*, Joana percorreu o caminho inverso dos blogueiros: queria criar um diário virtual para que seus textos não-jornalísticos fossem, finalmente, lidos.

O texto informal, breve, sem grandes preocupações com a realidade, e até mesmo a sátira ao próprio jornalismo e ao colunismo passaram a ser o terreno em que muitos "jornalistas-blogueiros" operam. Um grupo de quatro jornalistas paulistas criou, no início de 2001, um blog denominado Sacolão Brasil (www.sacolaobrasil.com.br), uma sátira ao jornalismo. O diário coletivo se rebela contra os princípios fundamentais da profissão e publica mentiras, desinformação e notícias *nonsense*. O formato é o de um *site* de jornalismo com matérias, grandes reportagens e colunistas especializados em cinema, teatro e televisão que fazem uma autocrítica da profissão.

A fuga dos textos jornalísticos por quem é desse meio tem vários motivos. O principal deles é não se ver "cerceado" pela instituição do meio de comunicação em que escrevem. Desde a sugestão de pauta, que pode ser aceita ou não e modificada, até a feitura do texto, que passa pelas mãos do redator e do editor, o jornalista sente falta de ter mais liberdade, mais domínio sobre o próprio texto. "As vantagens de se ter um blog é o exercício da escrita sem compromisso. Saber que você é o único responsável pelo que está escrevendo, sem ter um redator e um editor para consertar ou mutilar o seu texto antes de ser publicado", diz Joana Ribeiro. Curiosamente, o mesmo motivo que leva os "blogueiros" a escrever como jornalistas faz com que os jornalistas queiram fazer um diário virtual mais pessoal. A liberdade é um estado almejado por ambos os grupos.

Os diaristas virtuais sonham em escrever num jornal para terem a sua opinião difundida para um público maior, enquanto os jornalistas querem um blog para escrever sem estarem "classificados" dentro de um veículo de comunicação. A repórter Elis Monteiro explica por que vê vantagens em ter um blog pessoal (www.elismonteiro.blogspot.com), mesmo trabalhando em um dos segmentos do jornal mais lidos pelo público da internet (o suplemento de informática). Para ela, ter um blog "é poder exercitar aquilo que mais gostamos de fazer, que é escrever, e ao mesmo tempo criar um canal de comunicação pelo qual nos comunicamos com os leitores sem a tarja de um jornal nos rotulando. Ali sou eu e não a Elis Monteiro repórter do *Globo*".

Elis usa o seu diário virtual (Breves Pensamentos de uma Neo-Urbana) para exercitar seu interesse por uma escrita diferente da que usa no seu trabalho. Usa o blog para escrever "tudo aquilo que não posso externar no jornal", como opiniões pessoais, sentimentos ou sensações próprias. A jornalista considera o estilo de escrita do seu blog mais livre e emocional. Sem o limite de temas e espaço que encontra no jornal, ela oferece ao público um exercício de escrita íntima e um pouco de seus poemas. O jornalismo fica em segundo plano em favor do desejo, mesmo que velado, de ser escritora e poetisa.

A poesia rimada, o escrito íntimo e o falar de si e para si — características tão criticadas pelos diaristas virtuais — voltam pelas mãos dos jornalistas. A necessidade do texto rápido, informativo, em cápsulas, tão evocada pelos "blogueiros", vai ser combatida pelos próprios repórteres. "A linguagem (que uso no blog) tenta fugir do convencional e se aproxima do literário. Escrevo sem amarras de espaço e sem a obrigação de ser sempre informativo. Posso exercitar a forma e relegar o conteúdo ao segundo plano. Também falar de experiências pessoais sem constrangimento", explica o jornalista Gustavo Leitão, responsável pelo blog Chocolate. Essa linguagem mais pessoal, solta e alegre, em que "se fala o que se pensa", é o objetivo comum dos dois grupos e é, sem dúvida, uma linguagem mais voltada para o texto ficcional do que para o informativo. A vontade unânime de comentar os fatos do cotidiano com uma visão própria aproxima ambos os grupos do texto do cronista.

No entanto, não existe ainda um consenso de que esses "blogueiros" (jornalistas ou não) resultem em bons cronistas ou poetas e ficcionistas. A maioria dos diaristas virtuais usa o blog como um lugar de sonho onde cada um pode exercitar seu *hobby* de escrita fora da profissão que exerce. Esse novo texto, que chega ao público sem a mediação de um veículo de imprensa, proporciona uma certa liberdade, mas esbarra em várias exigências. A principal delas é a dos próprios leitores.

DISTÂNCIA: UMA VANTAGEM CONTRA O JULGAMENTO

O computador tem suas vantagens e desvantagens, tanto para os diaristas virtuais que sonham em ser escritores como para aqueles que desejam fazer uma crônica do cotidiano. Por mais que o computador ofereça todas as ferramentas necessárias para se fazer uma boa página da *web*, ele acaba eliminando um fator fundamental para o escrito íntimo: a caligrafia. Philippe Sollers já dizia, em *Un siècle d'écrivains*, que era possível ver o estado interior do corpo através da escrita à mão. No lugar da caligrafia, que diz muito sobre a personalidade do diarista, entra a tipografia, neutra, impessoal. Emoções diferentes de pessoas variadas se configuram no computador com uma única "letra", que só aceita as mudanças de tipo, de tamanho de corpo, o negrito e o itálico. É uma maneira de nivelar a escrita.

Para aqueles que pretendem ter um diário mais pessoal, a substituição da caligrafia pela tipografia é uma grande perda. A caligrafia informa muito sobre quem escreve e sobre o estado de espírito daquela pessoa nas circunstâncias em que escreveu. É quase uma memória através da escrita. Mostra os momentos de euforia, a letra trêmula nas fases de insegurança ou tristeza e, para aqueles que depois relêem o seu diário, traz um pouco da maturidade e da firmeza adquiridas com o passar dos anos. É uma escrita em seu "estado bruto", com todas as contribuições do tempo, todas as rasuras, erros e garranchos eventuais.

No entanto, se por um lado a escrita no computador é impessoal e pobre em informações sobre o diarista, e se os recursos técnicos do computador, em vez de se assemelharem à *bricolage* original do caderno — com suas pétalas de flores, papéis de bombom e fotos coladas — só servem para uniformizar ainda mais o diário digital, por outro lado a tela assegura um determinado distanciamento que permite ao escrito exercer as funções cardinais de um diário: a expressão e a deliberação. O autor está "de longe", portanto é mais fácil para ele escrever sobre si mesmo. A jornalista Joana Ribeiro sempre escreveu, desde a adolescência, contos e poemas, mas temia que fossem lidos porque não queria receber críticas pessoalmente. "Colocando meus textos na rede vi que não é um bicho-de-sete-cabeças, o espaço para comentários está lá para que eu receba elogios e críticas e isso é saudável. Acredito que isso vai me ajudar na profissão também."

A espera para acender a tela, recuperar os dados, a entrada na internet, todos os rituais de iniciação do computador permitem o tempo necessário à reflexão. É como se aquele instante em que o escritor permanece com a caneta suspensa no ar, buscando o *mot juste*, se prolongasse infinitamente. O cuidado com os textos é muito maior e o computador empresta uma certa "formalidade" a eles. Não é um diário coberto de garranchos e notas de pé de página, mas uma tipografia límpida que permite ao diarista se objetivar, escapar de si mesmo, escrever com uma certa distância. É nesse momento que ele repensa o que tem a dizer, retira o excesso de sentimento, escapa de ser prolixo e, por isso, talvez venha a ganhar mais credibilidade. É nesse ponto que os escritores que procuram criar um diário mais distanciado, menos íntimo, mais "jornalístico" encontram no computador uma ferramenta poderosa. Para alguns diaristas, estar distante significa emergir de si próprio. No entanto, muitos outros vêem a distância como uma tentativa de chegar a um tipo diferente de escrita que jamais ousariam usar fora do computador, sob o risco de parecerem artificiais. Muitos consideram a escrita no papel mais sincera, e a virtual, mais impudica, descrente. E quando mantêm os dois tipos de escrita em paralelo, sentem como se um estivesse "traindo" o outro.

A blogueira Stella Cavalcanti, responsável pelo Quarto da Telinha (www.telinha.blogspot.com), tem 32 anos e escreve diários íntimos em cadernos desde os 10 anos de idade. Ao todo, conta 50 volumes de diários entre cadernos e agendas escolares. É uma das únicas entrevistadas que continua escrevendo um diário no papel além do blog.

Ela destaca que uma das diferenças entre os dois tipos de diário é que no blog está "postando" diariamente, enquanto no diário manuscrito ela se dá mais tempo para escrever e faz incursões esporádicas. "É que nele (no diário por escrito) eu escrevo coisas realmente íntimas, que não quero dividir com ninguém além da folha de papel. Assim, posso escrever com toda a liberdade, porque, ressalto — eu sei que estão lendo o meu blog, enquanto o meu diário é confidencial." O que Stella observa é que, mesmo com toda distância e a facilidade de escrever sem mostrar o rosto, o que ainda a deixa tímida é o fato de saber que "alguém" está lendo o seu blog.

É esse olhar do outro que vai determinar uma série de coisas no diário íntimo virtual. Em todos os grupos de diaristas — pessoais, noticiosos, cronistas —, o principal desejo que impulsionou a entrada na internet foi a vontade de ser lido.

"Divisão, interação, expressão são palavras muito bonitas que escondem a mesma idéia, essa necessidade de ser lido, conhecido, apreciado", diz Lejeune. De uma forma ou de outra, todos, jornalistas ou não, escrevem os seus blogs preocupados com o "fantasma" desse possível leitor, suas críticas e seus comentários.

Para a maioria dos diaristas, essa relação com o leitor é a parte mais gratificante de escrever. Mas ela exige um certo comprometimento: como num jornal, é preciso escrever com regularidade. O blogueiro precisa estar sempre se atualizando — qualquer período sem escrever pode diminuir o número de leitores e a sua "fidelidade". Alguns deles, como o "blogueiro" Paulo Bicarato, acham uma besteira escrever todos os dias se for para acabar escrevendo sobre assuntos que não interessam: "Quanto a escrever todo dia, não sinto essa obrigação. Alguns blogs, aliás, acabam se 'queimando' exatamente por causa disso: na falta do que dizer, acaba-se falando bobeiras enormes. Se é para falar bobeira prefiro ficar quieto."

Outros acham fundamental o hábito de responder com carinho a todas as perguntas e comentários do leitor para que este sinta que está recebendo a devida atenção.

Muitas vezes, por medo do julgamento por parte desse leitor, alguns usam da artificialidade, preferem um estilo de crônica, e se preocupam em não externar de forma *naïf* os estados de alma. Na opinião da maioria dos diaristas virtuais, ninguém se interessaria, a princípio, pela vida de um anônimo. A atitude de falar de si mesmo para os outros, considerada um pouco exibicionista pelo próprio blogueiro, então recebe uma certa "maquiagem". Para evitar a superexposição e o perigo de parecerem vaidosos por quererem ver suas opiniões pessoais publicadas na internet, eles misturam bastante de sua vida pessoal com uma espécie de colunismo jornalístico.

E tudo isso com a distância suficiente para "suportar" os comentários que virão sobre esse novo texto.

BLOG: O (AUTO)BIOGRAFEMA VIRTUAL

É essa estranha mistura que torna tão difícil a definição do estilo de texto do blog. Talvez, por isso, de todas as perguntas feitas na pesquisa de campo, a que gerou maior diversidade nas respostas foi a que pedia aos blogueiros para definir o estilo do seu blog. As definições variaram entre o jornalístico, o noticioso, o pessoal, a crônica, o colunismo e até a literatura, mas em todos os casos admitiram haver contaminação e interseção entre os gêneros. Se o blog tem por objetivo trazer notícias, estas estarão sempre impregnadas do ponto de vista do autor. Se são blogs pessoais, misturam um pouco de notícias e fatos do cotidiano. E se pretendem ser uma crônica, terminam por falar da última noite de bebedeira do diarista.

De qualquer forma, a conclusão a que se pode chegar é a de que o blog, ou seja, o diário íntimo[2] na internet, é um híbrido de vários tipos de escrita. Dividido entre vários estilos, ele se aproxima de uns, se afasta de outros, mas acaba tendo um pouco de cada um deles. E o que faz com que o diário virtual tenha esse caráter heterogêneo é a própria formação da expressão blog (*web log*), um diário (privado) numa página da *web* (pública). Um escrito íntimo exposto, sem as defe-

---

[2] A definição de diário íntimo virtual usada como sinônimo de blog durante todo o texto aparece como uma mera transcrição do significado da palavra, a contração de *web* (página da internet) com *log* (diário). Além disso, a palavra "íntimo" surge pelo fato de ser um escrito virtual que, pela própria natureza, contém informações pessoais sobre o autor.

sas e reservas típicas de um diário íntimo, mas que acabou desenvolvendo outras tantas novas. Tudo muda com a passagem do diário íntimo do papel para a internet. A posição do autor, de onde fala e para quem fala — já que agora ele possui um interlocutor. A questão da linguagem, que mistura a formalidade do texto escrito e a linguagem coloquial do texto oral — com os cortes de palavras, os sinais e símbolos que a internet permite. É um diário novo, que não exige a primeira pessoa, mas que também pode ser escrito fazendo uso dela; que aceita o anonimato, a identidade real ou virtual. Que abarca a realidade e a ficção, que traz um pouco de informação de época, de crítica aos costumes cotidianos, e da dor, das alegrias e das conquistas pessoais de seu autor. Que não se deixa escravizar pelo tempo, mas que pode se tornar dependente dele. Que precisa de leitores, e de seus comentários e sugestões para ser alimentado.

Dessa maneira, ficou bastante difícil determinar em que estilo o blog se enquadra; ele é um diário íntimo diferente. Resistente a ser colocado na categoria da autobiografia — não que esta não seja uma de suas formadoras. Ela está presente, mas misturada à ficção, ao romance e ao escrito factual. Joana Ribeiro, jornalista do *Jornal de Bairros* do *O Globo*, tenta categorizar seu próprio blog:

"O jornalismo é o que tem menos espaço no meu blog. Pode ser que com o tempo isso mude, não vou dizer: 'Dessa água não beberei.' Minha vida pessoal até aparece nas entrelinhas, quando dou alguma opinião, mas não gosto de ficar falando sobre mim, o meu blog não segue a linha diário on-line. O que eu gosto de fazer é criar textos em cima de situações cotidianas (sem ser pessoal, porque são coisas que qualquer um *pode passar) ou falar sobre programas de televisão e seus famosos, sobre um filme a que assisti. Ou seja, também não pode ser enquadrado em ficção. Vixe* (sic), *agora você me pegou, acabo de chegar à conclusão de que eu mesma não sei sobre o que é o meu* blog."

É muito difícil até para quem escreve definir exatamente em que área atua o blog. Poderia ser considerado um "gênero" novo? Seria um misto de outros gêneros? Se esse é o caso, como defini-lo, então? Todas essas perguntas são difíceis de responder, se considerarmos que o diário íntimo na internet é uma contradição em si mesmo e, mais do que isso, que fica a meio caminho entre vários tipos de escrita diferentes.

Como tratar o problema? Para alguns, a resposta parece simples: é impossível estabelecer um perfil homogêneo em vista de se tratar de um grupo tão heterogêneo. Cada um escreve seu blog da maneira como deseja e, então, ele é classificado de acordo com o estilo que o autor escolhe para o seu texto. Se é muito confessional, trata-se de um diário íntimo, se é noticioso, pode ser comparado a uma reportagem, se é um comentário sobre situações cotidianas, é considerado como uma crônica, e assim por diante. No entanto, por mais que os blogueiros pretendam dividir essas categorias, elas não são tão estanques assim, elas se contaminam. E, mesmo que os diaristas virtuais procurem dizer que são únicos em uma série de coisas, em uma, pelo menos, estão juntos: não conseguem falar dos assuntos mais sérios sem que neles misturem um pouco de suas vidas íntimas, de seus sonhos, de sua própria história.

Por mais que o blogueiro deseje ter as características daqueles que escrevem nos outros gêneros — a isenção de um jornalista, a discrição de um diarista, a notoriedade de um colunista e o olhar diferenciado de um cronista —, não consegue alcançá-las, porque tem um estilo muito particular de escrita. A internet abriu o mercado editorial a muitos. Em compensação, tornou-se difícil conseguir destacar-se dentro de um grupo tão vasto. Daí, o surgimento das pequenas comunidades nessa "província virtual". Nelas, o indivíduo pode se sobressair em meio aos seus "semelhantes". Até os jornalistas precisam disso. "Claro que este grupo, dos conectados, se divide em subgrupos com características diferentes. Acredito que exista um subgrupo de jornalistas: que debate, brinca, escreve e é muito afetado pelo dia-a-dia", explica o jornalista Cláudio Motta.

Dentro de uma gama tão grande de "escritores", cada um procura sobressair como pode. De fato, as maneiras de escrever e os estilos de linguagens que são os mais diferentes possíveis, mas todos visam de certa forma a um destaque de si mesmo. Ou seja, cada um procura o seu "lugar no mundo", e essa conquista só será válida se for sentida como pessoal. De modo que, a princípio, a escrita do blog é uma escrita (também) pessoal, um falar de si mesmo. Por isso ele se aproxima da autobiografia.

A autobiografia é uma palavra grega que surgiu por volta de 1800, tendo como origem a junção de outras três: "escrita" (*graphein*), "de vida" (*bios*), e "por si mesmo" (*autos*). Depois, o "substantivo" autobiografia passou a dividir espaço com o escrito íntimo — no fim do século XIX começa a publicação dos diários íntimos de escritores — e com o adjetivo pessoal (ligado à literatura pessoal). Todas essas formas eram uma maneira de procurar uma classificação para as incongruências e especificidades que vinham aparecendo no gênero autobiográfico. No século XX, finalmente, a autobiografia alcançou o sucesso e conseguiu seu lugar na paisagem literária. Houve então uma cisão entre o romance e a autobiografia, e esta se tornou um gênero independente.

A palavra autobiografia trazia com ela o peso de todas as contradições que a acompanharam durante esses anos. Era natural então que no século XX fosse necessário começar a delimitar os escritos íntimos vizinhos, mas, apesar de toda a insistência em delimitá-los, eles continuaram a se contaminar mutuamente. Essa explanação histórica sobre a autobiografia é uma tentativa de explicar que as contradições do gênero vêm da "origem literária" da palavra, contradições estas que se refletem hoje no blog. A despeito de todos os esforços para definir e separar os diferentes estilos de escritas íntimas (ou não-íntimas), estes sempre se entrelaçaram. Por isso o blog, assim como outros tipos de escrita, acabou virando um híbrido de outros estilos.

A revista francesa *Nouvelle Revue Pédagogique*, que publicou em 2000 um artigo sobre a autobiografia, procura enumerar a tipologia das "escrituras do eu". Foi a partir dessas definições que procuramos entender os pontos em comum e os díspares entre esses escritos pessoais — que muitas vezes não eram íntimos — e o blog. É apenas uma forma de mostrar que, mesmo não sendo da mesma natureza desses escritos, o blog traz um pouco de cada um deles em si.

O diário íntimo, que teoricamente deveria ser o mais próximo do blog, é o escrito redigido dia a dia de maneira livre, e que não se propõe a ser um relato retrospectivo. O blog poderia ser um diário se não fosse pela possibilidade de mudanças que a internet possibilita. É possível escrever um *post*, um comentário sobre um determinado dia e voltar a ele para reescrevê-lo dias depois, sem deixar nenhum traço de que se mexeu nele.

As memórias têm como autor e narrador a mesma pessoa e funcionam como um relato essencial das obras da história e da sociedade. Alguns blogueiros tentam relatar grandes eventos da história, mas é, de certa forma, difícil que eles consigam participar deles. Sua participação se dá através de comentários e opiniões sobre determinadas situações. No entanto, como vimos, é possível ao "blogueiro" tornar-se uma testemunha importante — como aconteceu com muitos durante o atentado aos EUA — ao contar um fato histórico a partir do seu ponto de vista pessoal.

No ensaio, o autor convida o leitor a participar de suas experiências, observações e reflexões sem nenhuma preocupação com a cronologia. Talvez este seja o estilo mais almejado pelo blogueiro, mas ele se encontra preso pela obrigação que tem para com seus leitores de se atualizar diariamente, e por um tamanho e um ritmo de texto que não permitem reflexões tão profundas como as que gostaria de fazer.

O **romance autobiográfico**, uma mistura entre a realidade e a ficção, confunde o personagem principal ou o narrador com o autor. O personagem se parece com o autor em muitos pontos, e só os leitores mais argutos podem fazer a distinção entre um e outro. Em um blog, é possível ao autor misturar a própria vida a uma idéia de romance através do uso de um pseudônimo. Mas o leitor nunca conhecerá suficientemente esse autor para poder discernir as aproximações e afastamentos que existem entre o escritor e o personagem que ele possa vir a criar. Aliás, muitas vezes, essa tênue fronteira entre a realidade e a ficção faz com que o leitor mantenha sempre uma leve dúvida quanto à identidade da pessoa que está por trás daquilo que lê.

Finalmente, no século XX, aparece a **autoficção**, gênero inventado por Serge Doubrovsky num artigo do *Le Monde* intitulado *Paisagens da autoficção* (*Paisages d'autoficcion*), um meio caminho entre a realidade e a ficção contaminado pelas duas, um híbrido entre o relato verdadeiro e o relato mentiroso. No artigo, o autor dizia que, para ser classificado como autoficção, o livro teria que ser claramente designado como romance e o nome do autor deveria coincidir com o do personagem ou narrador, para que um se confundisse totalmente com o outro. Assim, a autoficção já era por natureza um gênero difícil de ser definido, era um híbrido de dois gêneros, mas possuía suas características próprias. Era uma maneira de fugir da sinceridade impossível, de liberar a autobiografia do tribunal da confissão e de mostrar que, muitas vezes, o romance pode ser mais verdadeiro do que as memórias.

Com a autoficção entrando para o time das "escrituras do eu", é mais fácil, então, aceitar atualmente a indefinição do blog. Como definir, então, a escrita do blog? É certo que ele participa dessa categoria de "escritura íntima", com um pouco das características de cada um dos estilos de escrita já citados, mas com especificidades próprias. O tempo do diário íntimo na internet não obedece a nenhum dos prazos impostos por esses outros escritos. É a rapidez, a instantaneidade, em oposição ao período longo. Sua linguagem é informal — e não que isso seja uma regra, mas é um recurso. E o texto é uma mistura entre o pessoal, o noticioso e o ficcional, o que faz com que ele ultrapasse os limites do escrito íntimo. Os *posts* nunca vão mostrar exatamente quem o "blogueiro" é porque ele nunca se revela fisicamente. Então a identidade do "blogueiro" é uma identidade diáfana, cheia de humores oscilantes, sujeitos a retificações, e seus textos tendem a ser reelaborados, reescritos, mutáveis a todo o momento.

Por mais que sofram mudanças, esses textos são curtos, pessoais, mostram gostos, opiniões, *hobbies*, sensações e até mesmo notícias — tudo isso com o estilo específico de cada autor. Por isso os blogs se aproximam aos *biografemas* (fragmentos de vida) de Roland Barthes: as unidades mínimas da biografia. Unidades estas que, ao serem enunciadas na primeira pessoa, compõem um texto aparentemente autobiográfico, em que se pode ler os desejos e iluminações fugazes, os momentos físicos e textuais de uma vida contada nas palavras de quem a viveu. Roland Barthes define assim seu ideal de biografia:

"Se fosse escritor e morto, como gostaria que minha vida se reduzisse, pelos cuidados de um biógrafo amável e desenvolto, a alguns pormenores, a alguns gostos, a algumas inflexões, digamos biografemas dos quais a distinção e a mobilidade poderiam viajar fora de qualquer destino e vir a tocar, à maneira dos átomos voluptuosos, algum corpo futuro, prometido à mesma dispersão! (...)." (Barthes, 1999, p. 14)

Essa definição de Barthes, presente em seu livro *Sade, Fourier e Loiola*, e depois utilizada para uma série de estudos, se refere à apreensão do texto biográfico. O que o leitor pode captar da vida de um determinado indivíduo — neste caso, desses três grandes escritores — não é o espetáculo grandioso do que ela foi, mas sim os pequenos detalhes marcantes. E Barthes considera esses biografemas como o trabalho de um biógrafo cuidadoso e sensível, capaz de descobrir e desenvolver esses pequenos detalhes. São "o regalo branco de Sade, os vasos de flores de Fourier, os olhos espanhóis de Loiola". Para Barthes, o que fica da leitura sobre a vida do Marquês de Sade é menos o espetáculo grandioso de um homem oprimido pela sociedade e mais a maneira provinciana com que Sade chamava as moças de *milli*, o regalo branco que usava quando abordou Rose Keller e os jogos de sedução com a criada que cuidava da roupa branca. De Fourier, Barthes guarda a lembrança do gosto pelos pastéis aromáticos parisienses e de sua morte entre vasos de flores. "O que me lembra Loiola não são as peregrinações, as visões, as macerações e as constituições do santo, mas apenas 'os seus belos olhos, sempre um pouco embaciados de lágrimas'", conta Barthes.

Barthes procura mostrar que o biógrafo não deve sobrepor o grande espetáculo da vida aos seus pormenores, porque muitas vezes são esses pormenores que interessam ao leitor. Nesse texto biográfico, feito e refeito, responsável um pouco, na opinião de Barthes, pela destruição do sujeito, existe, mesmo que dispersa, uma figura pela qual o leitor se apaixona. E essa figura não é a das grandes causas, mas sim a dos pequenos hábitos.

Ora, se no blog a descrição desses pequenos hábitos diários é exatamente o material escolhido para produzir o texto, e se é através desses mesmos hábitos que o autor encontra uma conexão com o leitor, ele é também uma reunião de *biografemas*. Mas *biografemas* escolhidos de maneira exaustiva pelo blogueiro, já que precisam estar presentes a cada dia na página da *web*. São pequenos detalhes, manias, opiniões sobre os mais diversos assuntos selecionados por aquele que escreve o diário íntimo. Essas cápsulas de subjetividade, que fragmentam o eu em pequenas partículas, servem para aproximar esse eu de um determinado grupo de leitores.

São também pequenos fragmentos de vida — desta vez escolhidos, não por um biógrafo cuidadoso, mas pelo próprio autor desses escritos. Eles constituem os (auto)*biografemas*: pequenas impressões, gostos, dores, sentimentos escolhidos ao acaso no dia-a-dia do blogueiro. Embora pareçam, de alguma forma, banais, são essas unidades que vão garantir a aproximação com o Outro. Um Outro que vai influir ou não na escolha delas. São fragmentos de vida escritos por alguém que precisa da ajuda — e a recebe — de outros para escrevê-los. Então, a conquista do leitor, do outro, se dá pelos pequenos detalhes da vida cotidiana, detalhes estes que aproximam quem escreve de quem lê.

CAPÍTULO V   Trabalho de campo

PRIMEIRA PARTE

Mesmo com todas as reflexões apoiadas nos estudos teóricos que já foram feitos sobre o diário íntimo e a bibliografia que existe sobre o tema o entendimento das questões íntimas adaptadas à internet permanecia nebuloso. Esse assunto, que é a base deste trabalho, ainda era pobre em termos de bibliografia. Foi preciso recorrer a uma pesquisa de campo para descobrir junto aos próprios diaristas virtuais os mecanismos necessários para entender o pensamento e a produção desses diários. O objetivo inicial era entender dois movimentos: por que determinadas pessoas escrevem diários na rede e por que outras lêem esses diários.

O fenômeno do diário íntimo chegou à internet porque alguns autores sentem a necessidade de uma escrita menos solitária, e o público, por sua vez, passou a interferir e a demandar esse tipo de texto. Para um melhor entendimento dessas questões, foi preciso realizar uma série de visitas a alguns blogs. Iniciou-se, então, uma pesquisa de campo que durou dois meses — setembro e outubro de 2001 —, na qual realizou-se uma série de entrevistas, 30 no total, sendo apenas 13 aproveitadas, que esclarecessem o porquê de esses diaristas escolherem a internet como meio de expressão.

Com base nas questões que seriam abordadas nos quatro capítulos do livro — a tensão entre o público e o privado, a memória, o segredo e a relação com o texto ficcional ou informativo —, foi feito um formulário inicial com um grupo de perguntas que seriam repetidas para todos os blogueiros entrevistados:

1. Você já teve um diário no papel antes de criar um na internet? Ainda o mantém paralelamente?
2. Você tem mais de um blog? (Por quê?)
3. Quando e por que você teve a idéia de fazer um diário na internet?
4. Quais as vantagens e desvantagens de ter um blog?
5. Você mantém o anonimato através de um pseudônimo?
6. É possível manter a intimidade, o segredo e a privacidade na rede?
7. Surgiu uma nova linguagem por causa dos blogs?
8. Você se obriga a atualizar seu blog todo dia? Por quê?
9. O que muda para você o fato de saber que está sendo lido?
10. Você guarda o que escreveu no disquete, no disco rígido ou imprimindo?
11. Você relê o seu blog? Com que freqüência?
12. Você considera seu blog pessoal ou informativo/jornalístico?

Em alguns casos, as respostas dos entrevistados demandavam novas perguntas para uma reavaliação. Essas perguntas foram feitas individualmente.

Nas 12 perguntas acima estavam todos os pontos que seriam abordados neste trabalho. Era necessário saber quais dentre os blogueiros já tinham passado pelo diário no papel e se eles, como escritores, conseguiam estabelecer semelhanças e diferenças entre esses dois textos. Se, com a chegada do diário virtual, continuam a manter o diário no papel e por quê. O fato é que são dois arquivos íntimos diferentes e, como mostramos ao longo de todo o livro, duas formas de escrita e memória. Interessava saber se os diaristas sentiam necessidade de trabalhar esses dois tipos de arquivos ou se podiam naturalmente substituir um pelo outro.

Um dos objetivos do trabalho era descobrir em que momento e a partir de que influências os entrevistados haviam decidido fazer seus diários íntimos na internet. Com a resposta a esta pergunta, era possível estabelecer uma data e o panorama que levaram à implementação desse tipo de escrita no Brasil. A maioria dos blogs brasileiros começou a ser feita no fim do ano 2000 e início de 2001. E, apesar das inúmeras características de uma escrita pessoal — mesmo com todas as especificidades da internet —, houve uma certa resistência a essa pergunta: muitos blogueiros não consideram correto o conceito de blog como um diário na internet. Um grande grupo de blogueiros vê seus escritos na internet mais como noticiosos do que pessoais. Surgia aí a primeira reflexão que iria gerar o quinto capítulo sobre a escrita do blog.

Tendo em vista que o objetivo do blogueiro é dividir suas opiniões pessoais com um grupo de leitores, ou melhor, expressar suas idéias para que sejam avaliadas por esse grupo, as conseqüências dessa relação tinham um lado bom e um ruim. A transição de um diálogo solitário com uma folha de papel para uma troca com o público trazia uma série de vantagens e desvantagens. Foi preciso entender o que os entrevistados consideravam como perda e como ganho na decisão de utilizarem o blog como meio para a expressão íntima. Um grupo significativo apontou a troca de idéias com o público e a possibilidade de estar mais perto dele como a maior vantagem. Ao mesmo tempo, isso viria a gerar um dos maiores medos de quem escreve um blog: o de suportar o julgamento do outro.

As questões relativas ao anonimato e ao pseudônimo apareceram por uma suposição que depois das entrevistas acabou sendo descartada: o uso de máscaras pelo diarista virtual. Com a distância física imposta pela tela, parecia claro, a princípio, que a maioria dos autores criariam um personagem para se comunicar com esse novo público, um público com o qual não convivia pessoalmente no dia-a-dia. No entanto, o que os blogueiros mostraram foi o contrário. Muitos aproveitavam a distância e o uso do pseudônimo justamente para se mostrarem exatamente como são e encontrarem no leitor algumas semelhanças importantes. Os apelidos são muito freqüentes entre os blogueiros, mas o uso somente do primeiro nome também é comum e, em nenhum desses casos, a intenção é esconder a personalidade de quem escreve ou inventar uma nova, mas sim desenvolvê-la.

As questões sobre a intimidade, a privacidade e o segredo são bastante claras para os diaristas. Eles vêem a própria vida como um assunto secundário dentro do texto do blog, procuram se resguardar e, principalmente, resguardam as pessoas com as quais convivem. Só revelam da intimidade o que acreditam que possa ser interessante para o leitor e pouco arriscado para eles. Quanto ao segredo — de todas as características do diário tradicional a que mostra maior dificuldade de adaptação ao diário virtual —, as respostas dos entrevistados mostraram novas maneiras de mantê-lo vivo dentro da rede.

A nova e estranha rede de segredos que surge entre os blogueiros se forma pelas pequenas afinidades, hábitos e pensamentos em comum. É algo diferente porque, muitas vezes, exclui os amigos do autor e inclui uma série de estranhos. As respostas dos blogueiros apontavam para a formação de pequenas confrarias que podem ser compostas por grandes amigos, mas que também podem abarcar desconhecidos. A questão do segredo na internet traz à luz um antigo desejo: revelá-lo para alguém que não nos conhece e que, por isso, não fará nenhum julgamento prévio. Essas questões tornaram necessário dedicar um capítulo inteiro ao segredo e à sua história.

Para grande parte dos diaristas, a linguagem dos blogs não trazia grandes novidades em comparação à linguagem que já havia sido estabelecida na internet. A escrita rápida, informal, as palavras cortadas em código. Mais do que isso, o blog introduzia publicamente a escrita usada na correspondência eletrônica, porque o diário íntimo também é uma troca de correspondências entre o autor e o leitor. Sem dúvida, a maior mudança foi mesmo na linguagem técnica. O blog oferece uma maneira mais fácil de construir uma página da *web*, e como os mecanismos de "postagem" (colocar em rede) das imagens e dos textos são mais simples, um maior número de leigos consegue dominar a técnica.

Embora haja uma grande rejeição por parte dos blogueiros quanto à classificação do blog como diário íntimo, uma característica muito forte relaciona os dois estilos: a necessidade da escrita diária. No blog, essa necessidade é ainda maior, os comentários precisam ser feitos várias vezes no mesmo dia. O texto é extremamente dinâmico e o que alimenta essa dinamicidade e dá ao leitor a sensação de estar lendo um texto vivo, mutável, é a atualização freqüente. O registro não é feito necessariamente para atender às necessidades de memória do diarista, mas às demandas do leitor, que vai acompanhar a vida de quem escreve "como uma novela" — expressão que apareceu em três respostas diferentes. Essa necessidade de estar sempre escrevendo e alimentando a curiosidade do leitor mostra que o diário na internet é uma memória viva, borbulhante, mutável.

A partir daí apareceriam as questões referentes à memória, que foram abordadas no segundo capítulo do livro. A memória, fluida e mutável em si mesma, encontra um suporte de expressão com essas mesmas características: a internet — e isso se comprova nas entrevistas — é um "ambiente" que os diaristas consideram fora do seu controle. Uma vez que colocam seus textos na rede, os blogueiros sentem que perdem o domínio sobre eles. A solução encontrada ainda é o arquivamento de seus textos. Os diaristas procuram imprimi-los ou salvá-los no HD do computador ou em disquete, multiplicando ao infinito suas cópias.

A tentativa dos diaristas virtuais de controlar seu texto também se manifesta pela releitura dos seus blogs, realizada com freqüência. Eles podem voltar ao texto, refletir sobre ele e reescrevê-lo, um vício mantido por quase todos os blogueiros. A possibilidade de maturação e redefinição do texto tira bastante do seu caráter espontâneo e, muitas vezes, influi na memória da ocasião em que foi escrito. Mas, por outro lado, dá ao diarista a sensação de controle sobre o que está sendo escrito e a possibilidade de realizar transformações de acordo com os comentários do leitor. Foi a partir daí que surgiu a idéia de um texto e uma memória gerados individualmente, mas com contribuições coletivas.

Mas foi a diversidade de respostas à última pergunta que fez com que surgisse um capítulo sobre os tipos de blog. Mesmo os diaristas virtuais mais decididos tiveram dificuldades em classificar o seu blog. Aqueles que se mostravam seguros quanto ao teor de seu texto se confundiam no momento de explicá-lo. Um exemplo disso é a quantidade de blogueiros que define o seu blog como noticioso e, logo a seguir, explica que a classificação é baseada no fato de fazerem um texto com suas opiniões pessoais sobre os assuntos que estão acontecendo. Ou seja, o pessoal e o coletivo, o noticioso e o íntimo se juntam para formarem um novo "gênero" de escrita.

Antes de me aproximar propriamente desses blogueiros, comecei minha pesquisa pela observação e visita a alguns blogs na internet e estudando seu conteúdo. A escolha dos blogs estudados foi feita baseada na lista de favoritos contida em vários blogs e na triagem dos endereços que apareciam nelas. Escolhi alguns blogs por assunto e pela qualidade de texto, e mandei um *e-mail* para seus autores, com o objetivo de entrevistar os blogueiros aparentemente mais lidos. A idéia era marcar entrevistas pessoais, mas todas elas acabaram por ser feitas virtualmente, porque senti que desta forma as pessoas ficavam mais à vontade. Isso só vinha reforçar minha suspeita de que as relações face a face eram difíceis de serem estabelecidas com os blogueiros. Adquiri uma certa intimidade com muitos deles, mas os encontros só aconteceram depois de escrever o texto.

O primeiro contato com esse grupo de entrevistados foi difícil. Como os diaristas expunham em seus blogs assuntos íntimos ou mesmo opiniões pessoais, não queriam se abrir comigo para falarem de suas vidas sem que eu falasse um pouco da minha para eles. Alguns perguntavam se eu tinha um blog pessoal também para que pudessem visitá-lo. Como eu não podia me propor a ter um blog que tivesse de ser atualizado diariamente — como é a proposta dos blogueiros —, por absoluta falta de tempo, fui obrigada a transcrever alguns trechos de pequenas anotações pessoais minhas, que nem chegavam a ser um diário, para adquirir a confiança de alguns.

Se tentasse entrevistar os blogueiros sem dar informações sobre mim, começaria as entrevistas em desigualdade, visto que já iniciava as perguntas sabendo bastante sobre a vida e as opiniões dos entrevistados.

Mesmo levando em conta essas primeiras relações de "troca de intimidades", em que os diaristas perguntavam muito sobre mim antes que eu pudesse penetrar no mundo deles, meu sucesso na primeira pesquisa foi pequeno. Muitos blogueiros não paravam de me fazer perguntas desconfiadas e nunca respondiam às minhas. Os primeiros frutos da pesquisa vieram de pessoas que já estavam acostumadas a fazer entrevistas em jornais ou revistas e que, como eu havia me apresentado como uma jornalista que fazia uma tese, se propuseram a conversar.

Nessa primeira empreitada, foram recolhidos depoimentos de Sérgio Faria, um dos mais antigos blogueiros (o primeiro *post* de Sérgio foi colocado na rede em janeiro de 2001), responsável pelo Catarro Verde (www.catarro.blogspot.com), um *site* que mistura basicamente notícias íntimas com impressões jornalísticas. Sérgio figura em quase todas as listas de favoritos por ser um pioneiro na escrita do blog e por ter conseguido dar um furo jornalístico de plágio de discurso político antes da imprensa tradicional. (Atualmente, vários blogueiros duvidam que Sérgio realmente tenha furado a imprensa.)

Depois entramos em contato com Danilo do Let's Blogar (www.letsvamos.com/letsblogar), um blog que ele mesmo qualifica como sendo de variedades, com uma linguagem própria e uma série de recursos gráficos (como o fato de o leitor poder escolher em que cor prefere ler o blog). Na verdade, o diário de Danilo é baseado em amenidades — jogos de palavras, trechos de músicas, menções aos blogs de outros amigos

—, escolhas sabidamente pessoais, mas que não revelam muito do foro íntimo.

Foi a necessidade de pesquisar blogs que mostrassem uma experiência mais íntima que motivou a idéia de escrever para as 13 mulheres que compunham o Delícias Cremosas (www.deliciascremosas.blogspot.com). O blog tem um estilo diferente porque, apesar de ser escrito por muitas mulheres, não tem as características que se imaginam típicas de um diário íntimo feminino clássico, ou seja, uma dose grande de romantismo. O blog é composto por depoimentos detalhados dessas jovens — que se conhecem apenas pela internet — sobre suas conquistas amorosas e aventuras sexuais. Como as próprias autoras definem na primeira página do blog: "O Delícias Cremosas não é um *site* pornográfico. Somos apenas 13 mulheres falando de nossas experiências de vida, sem pudores ou meias palavras."

Delícias Cremosas também apresenta uma característica específica de um diário na internet: a escrita íntima coletiva. No fundo, é uma troca de correspondências expressa entre amigas que gera um foro de discussão de assuntos íntimos, como se fosse um *chat* intimista. Essa "coabitação de intimidades" de um grupo que reúne pessoas do Rio de Janeiro, Recife e São Paulo para fazer uma escrita íntima coletiva é um fenômeno novo: uma espécie de colcha de retalhos da escrita íntima, formada por várias subjetividades. Cristiane Camargo se propôs a falar sobre o grupo e também sobre si mesma, já que tem um blog pessoal (www.lavanderiadacris.hpg.com.br).

Como esse primeiro contato feito diretamente com os diaristas gerou um material de base importante, mas ainda pequeno para realizar a pesquisa, foi necessária a ajuda de uma pessoa que me introduziu ao universo dos blogs e me ajudou a me aprofundar nele. Quando ainda trabalhava no *Jornal do*

Brasil, conheci através de correspondência eletrônica Marina, uma leitora que, em um de seus *e-mails* ao jornal, ofereceu o endereço do seu blog (www.blowg.blogspot.com). Foi através dela que passei a ter um contato maior com o diário íntimo na internet, que até então pensava ser um gênero ainda pouco difundido no Brasil. Como nos correspondíamos com freqüência, a leitura do blog de Marina tornou-se mais interessante para mim. Ao contrário de outros blogueiros, já conhecia Marina e tinha alguma afinidade com ela. O que mostra que, para fomentar a leitura, é fundamental estabelecer uma relação, mesmo que de afinidades, entre o leitor e o autor do blog.

Marina tinha uma série de características que me fizeram criar um interesse maior pelos blogs. É uma mulher com cerca de 40 anos, jornalista e com uma cultura vasta. Só essas três características desfaziam a idéia inicial de que os blogs eram um fenômeno pertencente a uma geração jovem que teria mais facilidade para dominar os meios técnicos e menos capacidade de reflexão para fazer um texto elaborado. Blowg, o blog de Marina, tem um texto divertido, leve, uma série de belos recursos gráficos e é voltado para um público segmentado: os fanáticos por cinema. Mas também pode ser para aqueles que se aproximam da maneira de pensar e do jeito de viver de Marina.

Foi através dela que decidi fazer uma segunda tentativa. Estava claro, após as primeiras incursões, que a melhor maneira de se aproximar dos diaristas virtuais era através de um deles. Pedi a Marina para colocar um anúncio no seu blog com o meu *e-mail* explicando que eu estava fazendo um trabalho sobre o assunto e que precisava de entrevistas. Era uma maneira de entrar no *métier* através de um blog e de dar liberdade ao entrevistado de me procurar se estivesse interessado. O anúncio virtual não só me deu acesso à rede de amigos de Marina como também aos seus leitores. Surgiu uma pequena amostragem de pessoas oferecendo seus blogs para visita, da qual pude fazer uma seleção e tirar alguns exemplos interessantes.

A primeira a fazer contato foi Flávia Cintra, uma engenheira que trabalha em Brasília e que conheceu Marina num grupo de leitura e discussão das obras de Mário Prata (www.anjosdeprata.com.br). Flávia tem uma história interessante: começou fazendo o blog pessoal Give me Light (www.givemelight.blogspot.com) e decidiu abandoná-lo depois porque queria que fosse lido pelo menor número possível de pessoas desconhecidas. Criou um novo blog — cujo endereço não pode ser divulgado a pedido da autora — só para os amigos e me forneceu o endereço apenas para a pesquisa. O motivo da mudança de "endereço íntimo eletrônico" foi exatamente o mesmo que fazia vários "blogueiros" começarem a escrever: Flávia não queria que mais pessoas, além dos seus amigos, soubessem de seus assuntos pessoais e opinassem sobre eles.

Logo depois recebi um e-mail de Stella Cavalcanti, leitora assídua de Marina e responsável pelo blog Quarto da Telinha (www.telinha.blogspot.com), um blog também de estilo pessoal. Stella levou para a internet um estilo de diário mais tradicional por ter o "vício" da escrita íntima. Desde os dez anos ela escreve vários diários à mão e ainda mantém um deles paralelamente ao virtual. É uma amante do diário no papel — conta mais de 50 volumes entre diários, cadernos e agendas — que se propunha a experimentar também a escrita virtual. Essa característica, comum entre alguns blogueiros, trazia uma nova visão a esse trabalho, aquela dos diaristas que optavam por não abandonar a escrita à mão e decidiam mantê-la concomitantemente e em tensão com a escrita virtual.

Victor Carbone (www.muigats.blogspot.com), também leitor de Marina, é um dos amantes do diário no papel. Mas tinha uma relação diferente com seus escritos íntimos. Os diários que escreveu durante toda a vida procuravam sair do campo factual para entrarem no ficcional. Victor aproveitava seus diários para, junto com recortes, notícias, fragmentos de livros, poemas e crônicas, exercitar um pouco a sua imaginação. Victor havia parado de escrever diários íntimos, e a possibilidade de colocar um diário em rede fez com que tivesse vontade de voltar a escrever.

A idéia de escrever um capítulo sobre o estilo de escrita do blog surgiu a partir das respostas de vários blogueiros — que consideravam seus blogs mais do que pessoais, informativos, quase jornalísticos. Paulo Bicarato, também amigo de Marina, é jornalista e considera seu blog Alfarrábio (www.alfarrabio.blogspot.com) mais uma "revista pessoal" do que um diário íntimo. A idéia de Paulo quando começou a escrever o blog era ter uma relação de troca com seus leitores que gerasse sugestões e assuntos para escrever, como um cronista um pouco mais democrático. A possibilidade de ter um público de estranhos que não fossem seus amigos seduzia o jornalista.

Mesmo tendo conseguido depoimentos interessantes, o universo da pesquisa continuava bastante restrito aos leitores e amigos de Marina. Era preciso conseguir exemplos mais variados e distantes daquele círculo. Na tentativa de buscar uma amostragem diferente da que tinha sido conseguida até agora, foi colocada uma nota no jornal, no caderno de informática. O colunista do caderno de informática do jornal *O Globo* (Informaticaetc) Luiz Gravatá se propôs a veicular uma notícia sobre o livro e escreveu um texto convocando os diaristas interessados no assunto a escreverem. Era uma maneira de conseguir leitores de grupos diferentes que veriam a nota no jornal.

Uma das "descobertas" conseguidas de Gravatá foi Edney Soares de Souza, um blogueiro de 25 anos que tem um enorme potencial para a criação de blogs. Na época (fim de 2001), ele tinha cinco blogs divididos por assuntos e áreas de interesse. O principal, onde fala "de tudo um pouco", é www.interney.net, um blog mais pessoal. Além desse, ele participava de mais quatro blogs coletivos de notícias, futebol, bobagens e bate-papo. Mas a origem do primeiro blog foi como um *site* pessoal em que publicava seus poemas, o que já apontava para o desejo — que depois seria visto também em outros blogueiros — de ser escritor, assunto desenvolvido no quarto capítulo do livro.

Muitos dos blogueiros entrevistados só revelavam sua identidade após um período de conversa e de aquisição de confiança. Winnie sempre deixou uma dúvida sobre qual era o seu nome verdadeiro e, apesar de ter se mostrado bastante acessível nas entrevistas, nunca se expôs além desse apelido. Winnie usa esse mesmo apelido para escrever um blog que, segundo ela, foi criado para a leitura dos amigos mais íntimos (www.winnie.blogspot.com). Em seus *e-mails*, Winnie se identificava como "cachorra baleia".

Além dessas duas "identidades" que pouco revelavam de sua autora, Winnie escrevia ainda um segundo diário virtual — hoje extinto — usando o pseudônimo de Lucíola, em que trocava experiências sobre o relacionamento homem/mulher com Wilson, um amigo que conheceu na internet (www.marmotaacustico/blogspot.com). Os dois nunca se conheceram pessoalmente, mas se sentiam capazes de trocar confidências sobre suas relações amorosas. Esse diário íntimo, também coletivo, era direcionado a um público de pessoas desconhecidas — Winnie nunca divulgou seu endereço para os amigos mais próximos.

A entrevista com José Roberto Montesano mostra um fenômeno interessante: o leitor cujo interesse pelos blogs que lê leva a criar seu próprio blog. Com o objetivo de "expressar sua opinião livremente", ele criou o Blog do Engenheiro (www.montesano.blogspot.com) onde expõe seus pontos de vista sobre sua profissão, pontos de vista que não sentia liberdade de expressar no ambiente de trabalho. Essa postura merecia destaque: pessoas que se viam sufocadas em seus ambientes reais e que usavam o blog como um desabafo virtual das opiniões que não poderiam, de outro modo, expressar.

Depois de observar várias páginas virtuais, resolvi que a amostragem deveria ter pelo menos um representante do modelo tradicional de "diário íntimo adolescente". O blog de Daniela (que usa em seu diário íntimo o apelido de Dani Maluquinha), Confissões de uma Pré-Adolescente (www.danisweblog.com.br), é o modelo da agenda escolar: com muitas fotos (aliás, um dos poucos blogs onde é possível encontrar fotos da diarista), declarações de amor para o namorado e segredinhos contados a meias palavras para as amigas mais próximas. Daniela participa de mais dois blogs coletivos femininos que começou a escrever com o objetivo de criar uma rede de amizades não só virtuais, mas que se tornassem reais depois de algum tempo. Ela também é uma das poucas diaristas virtuais que se mostrou interessada em quantificar o número de visitas no seu blog, desde o início, e em escrever sobre assuntos que visassem a aumentar esse "público-leitor". "Não me obrigo a escrever todo dia, mas quando vejo o número de visitas que tenho recebido, penso que deve ser frustrante para as pessoas que acessam todo dia, chegarem lá e não terem nada de novo para ler", explica. Charles Pilger foi um dos últimos entrevistados. Ele foi escolhido para entrar na pesquisa por uma característica específica: já tinha tentado criar um diário no papel, mas não gostava de escrever à mão. Passou para o computador pela facilidade da escrita no teclado e, mesmo assim, achava tedioso o diário tradicional. Foi na rapidez dos *posts* que o blog oferecia que Charles encontrou sua linguagem ideal. Criou um blog (www.charles.pilger.com.br) em que a idéia inicial era escrever apenas sobre assuntos profissionais. Com o tempo, o texto se tornou mais subjetivo: "Foi quando perdi a vergonha e vi que até a minha vida pode ser interessante para alguma coisa."

Esses diaristas virtuais me ajudaram a elucidar alguns dos motivos pelos quais a escrita íntima, típica do espaço privado, estava migrando para o espaço público, e a entender as reelaborações que essa escrita sofria com a mudança. O exibicionismo era um desses motivos, embora não fosse a única resposta. Quando a solidão aumenta externamente, para criar novas formas de sociabilidade, os indivíduos apelam para o espaço virtual. Nestas novas relações em que a escrita íntima supõe um "público-leitor", o autor é quem decide o quanto deve expor e o quanto deve ocultar de sua própria vida, o quanto deseja tornar esse público mais distante ou mais íntimo.

SEGUNDA PARTE

A idéia de realizar um segundo grupo de entrevistas, o que foi feito em abril de 2002, partiu de uma das perguntas feitas ao primeiro conjunto de entrevistados: quando e por que você teve a idéia de fazer um diário íntimo na internet? Muitos encaravam o conteúdo dos seus blogs não como íntimo, mas jornalístico, e questionavam a classificação do blog como um diário íntimo na internet.

O motivo pelo qual rejeitam o "rótulo" de escrito íntimo é basicamente o fato de acharem que esse tipo de escrito não confere credibilidade suficiente para conquistar um público leitor. A maioria queria também poder se expressar como um cronista, um formador de opinião, e via na internet um meio de comunicação que franqueava essa possibilidade a todos.

A necessidade de um texto mais "sério" e impessoal e a tão sonhada liberdade que os blogueiros almejam conseguir ao aproximar seu texto do jornalístico mereciam um contraponto. Uma visão que viesse exatamente do profissional que o blogueiro tanto ansiava por estar no lugar: o jornalista. Só os jornalistas poderiam confirmar se as opiniões que os diaristas virtuais tinham da profissão eram corretas ou não. Por outro lado, uma nova questão surgia: já que os jornalistas tinham o privilégio de poder se expressar publicamente, por que queriam criar blogs também?

Essas novas entrevistas tiveram um caráter diferente porque foram feitas não com anônimos, mas com pessoas conhecidas publicamente. Estes jornalistas assinavam suas matérias no jornal e também mantinham um blog. Já eram figuras públicas no espaço real e passavam agora para o espaço virtual, mas nada garantia que pudessem formar um público na internet com a mesma facilidade com que o conquistam no jornal.

Apoiado nessas dúvidas um novo grupo de perguntas foi formulado. Algumas parecidas com as que tinham sido feitas anteriormente aos blogueiros, outras específicas para o pequeno grupo de jornalistas entrevistados:

BLOG: COMUNICAÇÃO E ESCRITA ÍNTIMA NA INTERNET

1. Quais as semelhanças de conteúdo e linguagem entre o que você escreve no jornal e no blog?
2. Quais são as vantagens e desvantagens de ter um blog sendo jornalista?
3. O que aproxima ou afasta aquilo que você escreve no blog daquilo que escreve no jornal?
4. O seu blog é mais ligado ao escrito íntimo, à ficção ou ao jornalismo?
5. Você acha que existem blogueiros que são bons aspirantes a jornalistas e/ou colunistas?
6. Você acha que alguns blogs atuam como uma fonte de informação jornalística? Se acha que sim, quais?
7. Você trabalha o estilo do texto do blog pelo fato de estar escrevendo na internet?
8. Você sabe quantas visitas recebe por dia? Acha que elas são freqüentes pelo fato de ser jornalista?
9. Você tem o hábito de responder às perguntas de seus leitores? Quais são as perguntas mais freqüentes?

Todas as perguntas tentavam situar o grupo dos jornalistas dentro da comunidade blogueira. Algumas tinham como objetivo esclarecer as idéias que os blogueiros faziam da classe jornalística, e outras tentariam descobrir se o jornalista procurava uma nova escrita através do blog, e que escrita seria essa.

A primeira pergunta busca esclarecer que forma e conteúdo os jornalistas costumam dar aos seus blogs. Em geral, ao contrário dos blogueiros, eles se mostraram certos de que o que escreviam no blog não tinha o mesmo valor documental do que era escrito no jornal. E, principalmente, não buscavam isso. A maioria deles queria uma liberdade de escrita que, neste caso, era traduzida justamente pela possibilidade de escrever sem as exigências do texto jornalístico e sem a figura do editor e do redator, responsáveis por reescrever o texto.

Os jornalistas, em geral, não sentiam ter facilidade alguma em conseguir um público na internet. O fato de escreverem em um jornal lhes garantia o público leitor do jornal. Entretanto, quando passavam para a rede, o trabalho de conquista teria que ser feito individualmente e, desta forma, as dificuldades que encontravam eram as mesmas dos anônimos.

A principal vantagem que viam em ter um blog era o estabelecimento de um texto próprio que proporcionava um contato direto com o público sem a mediação do jornal.

Muitos apontaram como desvantagem o fato de levarem os vícios do texto jornalístico para dentro do blog. Então, se a figura do editor que interferia no texto já não estava presente, o próprio jornalista agora se via escrevendo e reescrevendo incessantemente seu texto — este, muitas vezes, com as características de linguagem de uma matéria. Exercitar o texto livre é o maior desafio para esse grupo que vê seu texto inserido nos padrões do jornal diariamente.

Muitos jornalistas tentam não levar o conteúdo de suas matérias para seus blogs. Mas como o diário íntimo na internet é baseado nas experiências pessoais e essas, neste caso, incluem as experiências jornalísticas, não é raro que se fale bastante dos assuntos da profissão. Esses blogueiros-jornalistas também formam um grupo que estabelece, de uma forma ou de outra, uma rede de segredos em comum. Um grupo que, assim como outros grupos profissionais, fala de coisas que apenas os que participam do *métier* podem entender.

Dessa forma, torna-se bastante difícil fugir dos assuntos e da linguagem jornalística. Para não confundirem o trabalho com o lazer, alguns consideram a escrita do blog como um *hobby* — um *hobby* que deve ser exercido de uma forma diferente da forma pela qual fazem seu trabalho diariamente. Então, a escrita que escolheram explorar é mais "livre" — como muitos deixaram claro nas entrevistas —, uma escrita que escapa do tom noticioso para investir num estilo mais pessoal, confessional e, em vários casos, ficcional. Os jornalistas Elis Monteiro (www.elismonteiro.blogspot.com) e Arnaldo Bloch (www.arnoch.blogspot.com), por exemplo, optaram por escrever poesia em seus blogs, uma maneira de exercitar um texto que jamais poderão usar no jornalismo.

Um detalhe interessante chamava a atenção: muitos jornalistas entrevistados na pesquisa de campo possuíam blogs confessionais e apostavam no estilo que os blogueiros, em geral, rejeitavam. "No blog escrevo tudo aquilo que não posso externar no jornal. Primeiro porque são coisas pessoais que não caberiam numa pauta de jornal. Segundo porque escrevo como quero, sem editor para mudar frases, para segurar meus pensamentos e as emoções", explica Elis Monteiro. Tanto ela como outros jornalistas fazem blogs confessionais, onde escrevem muitos *posts* sobre si mesmos, exercitam um texto prolixo (fora do padrão da escrita rápida da internet) e acrescentam contos ou poesias onde descrevem situações pessoais. Essa característica se opunha diretamente ao desejo dos blogueiros de criarem um texto mais enxuto e informativo, e se tornou um ponto fundamental para estabelecer uma via de mão dupla: os blogueiros que gostariam de escrever como jornalistas e os jornalistas que desejavam se tornar diaristas ou ficcionistas.

O próximo passo era discutir com esse grupo de jornalistas se os blogs, em geral, tinham a característica informativa que seus autores pretendiam que tivessem. A maioria deles admitiu que não lê com muita freqüência blogs de diaristas que não são jornalistas, e isto se deve, em grande parte, a um fator que já foi ressaltado: a formação de grupos afins dentro da comunidade blogueira. No entanto, quando lêem outros blogs (mesmo que de maneira menos assídua), costumam avaliar alguns de seus autores como bons aspirantes a jornalistas ou colunistas. Isso porque consideram os textos bastante maduros e os blogueiros bastante criativos, já que geram comentários e opiniões de interesse do público, mas que jamais poderiam figurar numa página de jornal. "Acho que é possível avaliar quem poderia ser um bom colunista lendo seu blog", explica Joana Ribeiro, do *Jornal de Bairros* do *Globo*.

Quanto à escrita desses jornalistas no blog, sua forma e conteúdo mudavam visivelmente em relação ao jornal. Mas os vícios de releitura, edição e reescrita do texto, que são a marca do jornalista e do redator, continuavam presentes nesses autores. Mesmo num texto que se pretendia confessional, eles não conseguiam deixar de consertar os erros, cortar os trechos em excesso do texto, evitar palavras repetidas e tentar dar bastante clareza às idéias defendidas. Como a relação com o público também é uma constante na profissão, o hábito de responder a todas as perguntas, críticas e comentários dos leitores era automaticamente incorporado pelos jornalistas.

No entanto, a hipótese levantada pelos blogueiros de que o jornalista é um diarista virtual privilegiado porque já tem um público proveniente do jornal foi desmentida pelos próprios jornalistas. O fato de terem o nome quase que diariamente impresso nas página de um jornal — muitos deles no caderno de informática — não lhes garantia um público na internet. O que mostrava que o leitor do blog não é necessariamente um leitor de jornal. Em muitos casos, mesmo que o jornalista seja conhecido, se o tipo de blog que escreve não suscita grande interesse no leitor o número de acessos diários é pequeno. As visitas ao blog, tanto nesse grupo de jornalistas como em qualquer outro, se restringiam basicamente aos companheiros de profissão que se interessam pelos mesmos assuntos e que formam, assim, uma espécie também de confraria.

Conclusão

Durante as pesquisas aqui desenvolvidas ficou bem claro que, no diário íntimo na internet, existe uma relação muito diferente que escapa da escrita solitária do diário tradicional em que o escritor tem diante de si apenas a folha de papel em branco. É uma relação de troca. O diarista virtual não quer um público apenas para ler suas confissões, como num livro. Ele quer um público com o qual possa estabelecer um diálogo. Com a passagem para a esfera virtual, o diário sofre, então, dois "traumas" com relação à sua estrutura original: o nascimento de um público leitor desconhecido e a possibilidade de ver esse público influindo diretamente na escrita do eu.

O autor passa a escrever seu diário pensando que aquilo que ele está vivendo poderá interessar ao público: é quando a motivação narcisista aparece. Para que sua história de vida interesse ao leitor, é preciso que o diarista comece a rever e a redirecionar determinadas ações e modos de pensar para agradar ao público. É como se ele aprendesse a dar relevo a uma característica ou fato em particular por serem os que mais interessam aos leitores. Quando isso acontece, fica difícil saber se um diário que foi construído levando em conta a opinião do Outro é um diário sincero ou não.

Tudo depende de como o diarista integrará a opinião do Outro em seu texto. Mas uma coisa é certa, aparece assim um novo diário, um diário menos alienante porque não é baseado apenas nas opiniões do diarista sobre si mesmo, mas pede a participação do Outro. Um Outro, a princípio, assustador, desconhecido, mas que com o tempo se torna próximo, participativo. Essa participação se dá porque toda a relação acontece textualmente. Agora é permitido ao leitor entrar no "jardim secreto" do diarista mas sem que o seu dono possa ser visto. Esse relacionamento funciona porque talvez seja como um faz-de-conta em que o diarista finge estar ouvindo o leitor e mudando sua vida por causa das opiniões alheias, e o leitor, por sua vez, pensa influenciar diretamente na vida do diarista, embora saiba que isso não é verdade.

As influências e as relações acontecem no nível textual. Embora para alguns pareça que a influência do leitor no texto íntimo não signifique grande coisa, para muitos diaristas é como se o leitor estivesse tentando interferir naquilo que são, já que se definem e se formam no momento da escrita. Na escrita íntima as pessoas normalmente ficam mais desarmadas, mais informais, procuram mostrar um pouco mais de si mesmas e do que são capazes de fazer, pensar e escrever. Ousam mais, experimentam mais e, quando expressam isso para o público, é como se esperassem ser aceitas.

O fato de estarem na internet torna possível a contribuição do público sem o constrangimento de um envolvimento pessoal. Por outro lado, cabe ao escritor escolher quais as opiniões que deseja acatar. É isso que dá liberdade ao blog, a possibilidade que o autor tem de escolher se prefere agradar a um público maior, se quer abrir-se para um grupo de amigos ou escrever sem nenhuma intenção de ser lido por um grupo grande de pessoas, mas apenas para compartilhar com um ou outro que compreenda o que diz.

Na verdade, o blogueiro busca ser aceito pelo Outro ou encontrar no Outro um pouco de si mesmo. No fundo, a escrita íntima na internet é uma luta entre esses dois pontos: é importante que o que se escreve seja aceito pelo Outro, mas é melhor ainda quando o que se escreve corresponde em muitos aspectos ao que o Outro quer ler. Quando se estabelece esse diálogo, mesmo que silencioso, de identificação, de espelhamento, o diarista virtual parece dar-se por satisfeito.

Em sua entrevista, Victor Carbone define bem o blog: "É um espelho. Um espelho no qual você faz a imagem. E ninguém quer uma imagem negativa de si mesmo, por isso insere suas cores, suas letras, seu modo de ver o mundo como 'um layout que pode ser modificado, pois esse mundo é seu'." Existe, então, a necessidade e a contribuição da opinião do Outro, mas é preciso que esse Outro seja um semelhante. É a busca desse semelhante, mais do que o narcisismo ou o exibicionismo, que impulsiona a escrita íntima voltada para o público. O diarista virtual sofre uma dupla tensão: quer a opinião do outro, mas deseja que esta seja favorável. Por isso, vai regulando sua escrita de acordo com o que o aproxima do Outro. Mas, como explica Carbone no texto acima, espera um espelho, uma semelhança, busca a si mesmo através do Outro. Quer pertencer a um grupo, mesmo que seja pequeno, de pessoas que passem pelas mesmas questões e dificuldades que ele.

Esse Outro não contribui diretamente para a escrita, mas determina seu parâmetro. Limita, em alguns momentos, porque espera e cobra do diarista algo diferente do que ele pode oferecer. Outras vezes, alivia, quando endossa o que o blogueiro escreveu. Quando quem escreve se reconhece naquele que lê, observa que não está só em suas questões e reflexões, que o Outro não está tão distante, que pode estar próximo e pensar de maneira semelhante. A abertura do campo privado para o público causa o efeito esperado para o autor.

Ao aproximar o autor do leitor, o blog dá continuidade no campo da escrita íntima a um movimento em direção ao Outro, que começou com Hegel no século XIX. Antes disso, a reflexão clássica não levava em conta a dimensão desse Outro. Hegel viria provar a necessidade do Outro para a constituição da consciência do eu. Ele mostra como o indivíduo se forja através da negação desse Outro. O Outro é o diferente, o estranho e talvez seja essa a primeira sensação que o blogueiro tem a respeito de seus leitores, que são como uma massa de estranhos, desconhecidos que, sem aviso prévio, penetram em sua escrita íntima.

Por outro lado, o diário íntimo tradicional sempre funcionou mais como um elemento de separação entre o eu e o Outro. Um escrito que é feito em segredo, escondido, longe do olhar e da opinião desse Outro. A escrita do diário na internet, ao contrário do que acontecia no diário tradicional, chama o Outro para que este participe, contribua. E só o fato de o autor estar disposto a esperar a contribuição desse Outro já traz uma nova luz a esse terreno tão particular. No entanto, essa contribuição se dá de maneira que o autor veja no Outro um reflexo, uma imagem de si mesmo.

Não é que com isso o diarista procure destruir a autonomia ou a liberdade desse Outro, mas ele tenta, de alguma forma, "negligenciá-las" para aproveitar desse Outro apenas o que mais se parece com ele. Seu desejo é encontrar um ponto de identificação com esse público de estranhos. Existe no diário íntimo na internet a liberdade para que o Outro se manifeste, mas ela é acompanhada por um forte desejo do escritor de ser aceito. E quando a relação se dá textualmente, sem o embate do diálogo face a face, é mais fácil para o autor acatar do Outro mais os pontos de concordância do que os de tensão.

Sartre continua as análises hegelianas sobre o papel do Outro na consciência individual. Ele discute, principalmente em *O ser e o nada*, a agressão do olhar do Outro e, conseqüentemente, a dependência que se cria em relação a esse olhar e à opinião de quem o lança. A escrita pela internet assegura uma distância das vistas do Outro, mas não garante a defesa contra o julgamento que ele possa fazer. Para alguns diaristas, toda a escrita íntima virtual é pensada em função do temor daquilo que o Outro pode vir a pensar.

No momento da criação da escrita, esse temor pode funcionar muitas vezes como um componente inibidor: "Você acaba caprichando mais no visual e na gramática. 'O que vão pensar?'Aparece muito esta pergunta em nossa cabeça. (...) Afinal, a aprovação é algo que a maior parte das pessoas está sempre esperando, procurando." Ou seja, a liberdade do Outro para se expressar em relação ao texto aumenta, mas a do autor de escrever aquilo que realmente pensa diminui. O autor se vê cerceado no momento mesmo em que começa a pensar no que vai escrever pelo fato de ter de levar em conta o que o leitor vai pensar. O estado de liberdade que antecede a criação de um texto sofre então limitações.

O diário íntimo virtual, como vimos durante todo este livro, torna possível ao autor expor sua dependência em relação à opinião do leitor. O diário mostra publicamente que a sua escrita, mesmo sendo íntima, precisa ser feita também com a contribuição do Outro.

Se, por um lado, o autor pode se tornar dependente da opinião do Outro para a construção do seu texto, por outro, ele pode simplesmente expressar sua opinião e encontrar outras pessoas que a defendam e apóiem. É muito gratificante para quem escreve saber que, muitas vezes, a resposta à pergunta "O que vão pensar?" é exatamente "o mesmo que eu penso". Quando isso acontece, é como se o autor se reconhecesse em seu leitor.

É nesse momento que acontece o encontro com o Outro — aquele que está do outro lado da tela. A busca desse encontro é justamente o que leva muitos a escreverem diários virtuais. E este livro veio para demarcar esse difícil caminho na direção do Outro. Um caminho que se inicia a partir da abertura do espaço privado para o público. Mais especificamente, de um documento emblemático do mundo íntimo como o diário para um público de leitores que, a princípio, o autor não conhece.

O principal motivo dessa abertura é a vontade de ser lido e avaliado por um outro olhar que não o próprio. O desejo de submeter à avaliação de alguém os atos, ações, providências e escolhas do dia-a-dia. E esse alguém tinha que ser um desconhecido porque, como vimos, o indivíduo procura se afastar daqueles com quem convive no seu dia-a-dia para encontrar um interlocutor no mundo virtual. É como se fugisse um pouco das pessoas que estão mais próximas para estabelecer uma troca com alguém distante, podendo assim descobrir como seria um novo olhar sobre aquilo que sempre realizou.

Na tentativa de estabelecer uma relação de confiança com esse Outro, o autor dá um segundo passo em relação a ele: decide compartilhar seus segredos. Uma outra questão importante já que o segredo, até então, estava fadado ao confinamento no caderno fechado, na solidão da folha de papel. Quando compartilhados, esses segredos ficavam nas mãos do que Philippe Lejeune chamou de "pessoas-instituições", ou dos grupos sociais mais óbvios como os amigos ou a família.

De qualquer forma são segredos de naturezas diferentes, específicos para serem contados ao médico, ao confessor, ao analista ou ao melhor amigo. Alguns desses diferentes tipos de segredos, separados em segmentos distintos de acordo com o interlocutor a que se dirigem, agora estavam todos juntos numa mesma página da *web*, submetidos ao olhar de um grupo de desconhecidos. Apesar de a possibilidade parecer caótica, o que vimos é que em torno desses segredos se organizam redes de cumplicidade constituídas por indivíduos afins. Essas redes aumentam ou diminuem e muitas vezes se entrelaçam por meio de nós comuns.

O próprio diarista escolhe quem poderá pisar em seu "jardim secreto" e de que maneira. Um mesmo diarista pode participar de mais de uma rede de segredos, estabelecer laços de cumplicidade com grupos diferentes. Sem que, no entanto, o que compartilha com um grupo chegue aos ouvidos do outro.

O contrato de cumplicidade instaura uma aproximação com o Outro, mas também impõe a ele uma responsabilidade, a de funcionar como um agente de memória do autor. A memória, que sempre usou a escrita como documento, continua se apoiando nela, mas na rede ela conta com dois novos aliados: a memória artificial do computador e a memória propagada através do leitor.

Esses dois agentes funcionam como sustentáculo para a memória do diarista, mas, ao mesmo tempo, podem torná-la preguiçosa e inoperante. O computador, porque dá a impressão de ter a capacidade de guardar infinitamente a memória do autor num enorme arquivo. O Outro, porque quem escreve acredita que aquele que lê absorve informações suficientes para funcionar como uma memória auxiliar.

Mais importante que o desejo de imortalidade do diarista, desejo este que se reflete na esperança que o autor tem de manter essas duas memórias — a artificial e a do leitor —, é o fato de ele poder tecer um texto de memória com a ajuda do Outro. No blog, o leitor deixa marcas de sua participação não só pelos comentários que faz *on-line* e que ficam registrados na tela, como também pelos comentários do diarista em relação à sua influência.

É esse mesmo leitor que ajuda a construir a memória do diarista que pode torná-la confusa. Na ânsia de agradar o Outro, o autor do diário íntimo realiza mudanças freqüentes que comprometem não só a memória do acontecimento em si, mas a "memória do próprio texto". O estado de espírito do diarista no momento em que escreveu determinadas frases e a maturidade com que as concebeu se perdem com a reelaboração constante do texto, facilitada pelos recursos técnicos do computador. A "memória do texto" ainda é mais afetada pelo fato de a tipografia não fornecer nem de perto a mesma riqueza de informações sobre o diarista que seria possível obter pela caligrafia.

O último passo do diarista em direção ao Outro é quando começa a criar seu escrito íntimo levando em conta a recepção do leitor. É quando o Outro influi no momento mais importante, o momento da criação do texto que, neste caso específico, trata-se de um texto íntimo. O leitor tem a oportunidade de participar da escolha do que será dito na escrita íntima. A partir daí, o diarista vai escolher o tipo de texto que deseja desenvolver — se jornalístico, ficcional ou íntimo — para se aproximar desse leitor.

Talvez por isso seja tão difícil definir a que "gênero" pertence o blog — uma escrita totalmente diferente, um pouco individual e coletiva, íntima, mas voltada para o público e que tanto pode informar como, simplesmente, entreter. Será que o diário virtual é também — como Paul de Man definiu a autobiografia — uma "figura de leitura"? O mais provável é que esteja mais próximo dos biografemas de Roland Barthes. Porém, desta vez, ao contrário do que Barthes previu, não é um biógrafo cuidadoso que escolhe alguns detalhes da vida de seu biografado, mas o próprio biografado que, um pouco atabalhoadamente, escolhe, em parceria com os seus leitores, pequenos trechos do seu dia que merecem ser registrados. O que torna esses trechos especiais e caros é a dimensão que tomarão na memória e nas vidas particulares dos leitores e do próprio autor.

São biografemas, ou autobiografemas, unidades de vida lançadas no espaço virtual em busca de leitores que as adotem através da afinidade das pequenas coisas. É como se o simples fato de molhar o pão no café ou cantar durante o banho tivesse o mesmo impacto que os vasos de flores de Fourier ou o regalo branco de Sade. Porque é exatamente nessas simplicidades que o leitor vê um pouco de si mesmo e o diarista enxerga que não é tão diferente do Outro quanto pensa.

Referências bibliográficas

ARIÈS, Philippe. *História social da família e da criança*. Rio de Janeiro: Jorge Zahar, 1978. 280p.
ARTIÈRES, Philippe. *Clinique de l'écriture*. Paris: Synthébalo, 1998. 270p.
BARTHES, Roland. *Sade, Fourier, Loiola*. Lisboa: Edições 70, 1999. 183p.
BAUMAN, Zygmunt. *O mal-estar da pós-modernidade*. Rio de Janeiro: Jorge Zahar Editor, 1998. 272p.
——. *La force de l'âge*. Paris: Gallimard (Folio), 1986. 380p.
BEAUVOIR, Simone de. *La force des choses*. Paris: Gallimard (Folio), 1972. 693p.
——. *Mémoires d'une jeune fille rangée*. Paris: Gallimard (Folio), 1972. 502p.
BÉNABENT, Alain. *Droit civil: la famille*. Paris: Litec, 1997. 600p.
BORGES, Jorge Luis. *O livro de areia*. São Paulo: Editora Globo, 1995. 132p.
CALLIGARIS, Contardo. *Verdades de autobiografias e diários íntimos*, in Estudos Históricos — Arquivos Pessoais, Rio de Janeiro: FGV, n° 21, p.43-56, 1998.
COELHO, Marcelo. "Na internet, diários pessoais constroem imagem da vida normal." *Folha de S. Paulo*, São Paulo, 12 de set 2001. Ilustrada, p.8.
DE MAN, Paul.*The rhetoric of romanticism*. Nova York: Columbia University Press: 1984. 327p.
DELEUZE, Gilles. *Conversações*. São Paulo: Editora 34, 1992. 232p.
DIDIER, Béatrice. *Le journal intime*. Paris: Presses Universitaires de France, 1991. 130p.
DOSTOIEVSKI, Fiodor. *Notas do subterrâneo*. Rio de Janeiro: Bertrand Brasil, 1998. 156p.

FOUCAULT, Michel. *Microfísica do poder.* Rio de Janeiro: Edições Graal, 1979. 295p.

——. *O que é o autor?* Alpiarça: Vega, 2000. 160p.

——. *Vigiar e punir.* Petrópolis: Vozes, 1999. 288p.

GHÉHENNO, Jean. *Journal d'un homme de quarante ans.* Paris: Grasset, 1934.158p.

GIRARD, A. *Le journal intime.* Paris: Presses Universitaires de France, 1986. 672p.

GOFFMAN, Erving. *La mise en scène de la vie quotidienne.* Tome 1. *La presentation de soi.* Paris: Les Éditions de minuit, 1973. 251p.

GONZÁLEZ, Gustavo. *La casa transparente de la joven desnuda.* Chasque. Santiago, 4 fev. 2000. Disponível em: http://www.chasque.net/chasque/informes/febrero-2000/info2000-2-04.htm. Acesso em: 9 jan. 2002.

HABERMAS, Jürgen. *Mudança estrutural na esfera pública — Investigações quanto a uma categoria da sociedade burguesa.* Rio de Janeiro: Tempo Brasileiro, 1984. 398p.

HUYSSEN, Andreas. *Seduzidos pela memória.* Rio de Janeiro: Aeroplano, 2001. 116p.

KENSKI, Rafael. "Sorria, você está sendo filmado." *Superinteressante,* São Paulo, maio de 2001. p.20-22.

LEJEUNE, Philippe. *"Chèr écran...": Journal personnel, ordinateur, internet.* Paris: Éditions du Seuil, 2000. 444p.

——. *Le moi de demoiselles: enquête sur le journal de jeune fille.* Paris: Éditions du Seuil, 1993. 454p.

——. *Le pacte autobiographique.* Paris: Éditions du Seuil, 1996. 383p.

——. *Pour l'autobiographie.* Paris: Éditions du Seuil, 1998. 252p.

LÉVY, A. "Évaluation étymologique et sémantique du mot secret." *Nouvelle Revue de Psycanalyse,* n° 14, 1976, p.117-130.

LOPES, Bruno. "Solidariedade no mundo virtual." *Jornal do Brasil,* Rio de Janeiro, 20 set. 2001. Internet, p.1.

MARTIN-BARBERO, Jesus. *Dislocaciones del tiempo y nuevas topografías de la memoria,* in Artelatina — Cultura, globalização e identidades cosmopolitas. Rio de Janeiro: Aeroplano, 2000. p.139-169.

MIRANDA, Wander Melo. *Corpos escritos: Graciliano Ramos e Silviano Santiago.* São Paulo: Edusp, 1992. 174p.

MONTEIRO, Elis. "E aí, você já blogou hoje?" *O Globo,* Rio de Janeiro, abril 2001. Planeta Globo, p.8.

ORWELL, George. *1984*. São Paulo: Editora Nacional, 1980. 277p.

PEREC, Georges. *W, ou, a memória da infância*. São Paulo: Companhia das Letras, 1995. 200p.

PERRIN, Jacques. L'autobiographie. *Nouvelle Revue Pédagogique*, Paris: n° 1, set. 2000, p.13-30

PROST, Antoine. "Fronteiras e espaços do privado." in: VINCENT, Gerald. *História da vida privada*, vol. 5: Da Primeira Guerra a nossos dias. São Paulo: Companhia da Letras, 2001. Cap. 1, p.13-115.

RAMOS, Graciliano. *Memórias do cárcere* (vol. 1). Rio de Janeiro: Europa America, 1983. 256p.

RÓNAI, Cora. "Jornalista até o último bit." *O Globo*, Rio de Janeiro, 17 set. 2001. Informáticaetc, p.3.

ROSSET, Clément. *Loin de moi. Étude sur l'identité*. Paris: Les Éditions de minuit, 1999. 93p.

SARTRE, Jean-Paul. *As palavras*. Rio de Janeiro: Nova Fronteira, 2000. 184p.

SENNETT, Richard. *O declínio do homem público — As tiranias da intimidade*. São Paulo: Companhia das Letras, 2001. 447p.

TURKLE, Sherry. *A vida no ecrã: a identidade na era da internet*. Lisboa: Relógio d'Água, 1997. 482p.

VIANNA, Luciano. "Confidências ao teclado." *Jornal do Brasil*, 16 set. 2001. Revista de Domingo. p.8-10.

VINCENT, Gerard. "Uma história do segredo?" in: —. *História da vida privada*, vol. 5: Da Primeira Guerra a nossos dias. São Paulo: Companhia das Letras, 2001. p.155-307.

WHITAKER, Reg. *The End of Privacy: how total surveillance is becoming a reality*. Nova York: New Press, 2000. 208p.

YURI, Debora. "Juventude blogada." *Folha de S. Paulo*. São Paulo, 5 ago. 2001. Revista da Folha, p.30-32.

BLOGS

www.alfarrabio.blogspot.com
www.arnoch.blogspot.com [extinto]
www.baticum.blogspot.com
www.blowg.blogspot.com

www.catarro.blogspot.com
www.charles.pilger.com.br
www.chocolate.blogspot.com
www.cucaracha.com.br/blogZ
www.danisweblog.com.br [extinto]
www.dear_raed.blogspot.com
www.deliciascremosas.blogspot.com
www.elismonteiro.blogspot.com
www.givemelight.blogspot.com
www.gringolandia.cjb.net
www.interney.net
www.interney.net/dowloads.php
www.interney.net/empregos.php [extinto]
www.interney.net/meuspoemas.php
www.jackiemiller.blogspot.com
www.joanar.blogspot.com
www.lavanderiadacris.hpg.com.br [extinto]
www.letsvamos.com/letsblogar
www.marmotaacustico.blogspot.com
www.montesano.blogspot.com
www.muigats.blogspot.com
www.nacovadoleao.blogspot.com
www.sacolaobrasil.com.br
www.stimpy.com.br/showdebola/arquibancada [extinto]
www.telinha.blogspot.com
www.thefine.org
www.winnie.blogspot.com

SITES

www.anjosdeprata.com.br
www.cnn.com
www.desembucha.com/privacidade [extinto]
www.morango.com.br
http://worldserver.oleane.com/autopact

DOCUMENTÁRIOS

Un siècle d'écrivaens, de Philippe Sollers. Trata-se, na verdade, de um conjunto de documentários literários dirigidos por Bernard Rapp e exibidos pela rede France 3, de 1995 a 2000.

O texto deste livro foi composto em Sabon, desenho tipográfico de Jan Tschichold de 1964, baseado nos estudos de Claude Garamond e Jacques Sabon no século XVI, em corpo 10/13,5. Para títulos e destaques, foi utilizada a tipografia Frutiger, desenhada por Adrian Frutiger em 1975.

A impressão se deu sobre papel Chamois Fine Dunas 80g/m² pelo Sistema Cameron da Divisão Gráfica da Distribuidora Record.